川西 諭 著
円茂竹縄 作画

マンガでやさしくわかるゲーム理論

Game theory

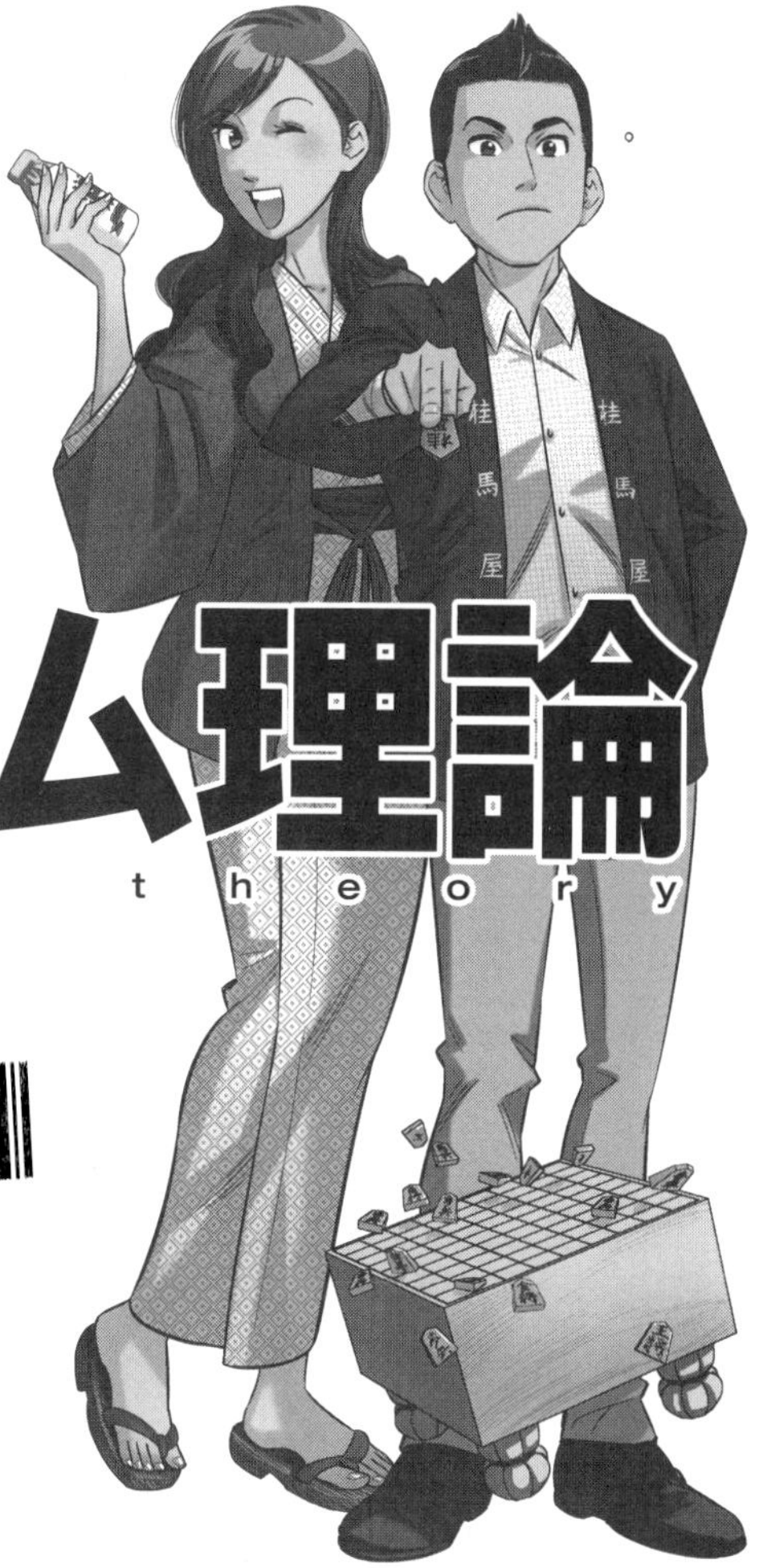

日本能率協会マネジメントセンター

はじめに

本書は、問題解決のツールとしてのゲーム理論の入門書です。

現在、ゲーム理論は、様々な社会問題の解決方法を探るツールとして、多くの研究者に広く使われています。

応用経済学分析を専門とする私も、20年ほど前から、様々な経済社会問題を解決するためにゲーム理論を使った研究を行ってきました。

ゲーム理論を学び、それを使って社会問題の分析を始めたとき、世の中の見え方が大きく変わるような感覚を覚えたのを今でも覚えています。それまでは不可解な現象だと思えていたことが、より明瞭に構造が見えてきて、解決のために何をするべきかを考えられるようになりました。

ゲーム理論を学ぶことで世の中の見え方が変わるのは、「私たちのモノの見方」と「ゲーム理論のモノの見方」が違うからです。

子どもたちは特にそうですが、私たちは自分のことや自分の置かれている状況を客観視するのが苦手です。自分の目線でしかものを見られないと、他人の行動を予想したり、理解したりすることができない――これでは問題の本質は理解できません。

ゲーム理論は、まず、自分だけでなく、他人を含めた相互依存の関係を俯瞰して、問題の全体像を把握します。空間的な視野を広げることで問題の構造を捉えようとします。

時間的な視野も違います。

私たちの時間的視野は狭くなりがちで、「あんなことしなければよかった……」と後悔することもしばしばです。そうならないためには時間的な視野を広げて状況を分析することが重要です。ゲーム理論では、長期的な視点で計画的に目標を達成するための方法を学ぶこともできます。

ゲーム理論を学ぶことで、空間的な視野と時間的な視野を広げて、問題の本質を見抜く力、問題を解決する力を身につけることができるでしょう。それは学術研究者だけでなく、ビジネスパーソンや学生たちにとっても使えるスキルです。

実際、ゲーム理論はビジネスリーダーを目指す人が数多く通うＭＢＡスクールなどで標準的な科目となっています。

私自身も、２００９年に『ゲーム理論の思考法』（中経出版）というビジネスパーソン向けのゲーム理論の入門書を書きました。

しかし、読者の皆さんからは、「ゲーム理論の入門書を読むだけでは、どうやって身近な問題を解決するのかがわからない」「具体的な応用のイメージがわかない」という声が多く寄せられました。

ゲーム理論の応用法をなるべくわかりやすく伝えられる本を書きたい――本書はそんな思いからつくられました。

マンガでは、温泉街の様々な問題の解決に挑む銀次郎の奮闘を通じて、ゲーム理論の使い方のイメージを膨らませてもらえるように工夫しました。ポイント解説では、基礎的な概念の紹介だけでなく、身近な問題を考えるためのコツやそれが使えるようになるためのワークも紹介しています。

それでは、銀次郎の奮闘物語とともにゲーム理論の奥深い世界を楽しんでください。

２０１５年４月

川西　諭

マンガでやさしくわかるゲーム理論　目次

Prologue

ゲーム理論とは

Part 1

囚人のジレンマ

――ゲーム理論の基本

Part 2

コーディネーション・ゲーム

――社会が動くしくみ

Prologue
ゲーム理論とは

某県 山間の温泉町――
さびれた温泉街に救世主現る!?
Story 0
ブロロロ
桂馬屋
は～ ヒマ…
桂馬屋

客こねえなぁ…
桂馬屋
旅館　桂馬屋
次男
桂 銀次郎(28)
これ！銀次郎 玄関口でなんだい
母ちゃ…あ、女将
いいじゃん 誰もいないんだから
実家を継いだ兄貴が突然行方をくらましました
さがさないでください☆
えっ
東京から呼び戻されたはいいものの…
お客なんて来やしない
何いってるの 一人いらっしゃるじゃないの
女将さん!!

傑作が描けてしまいましたわ！
ンマァ～素敵！
何を描いたんだ…!!
「アリが眺める山の夕暮れ」ですわ!!
斬新ねえ
お風呂もうお入りになれますよ
はーい♪
お客は物好きの変人がひとり……
アリ…？

何があるわけでもない田舎の元・炭鉱町
活気がない上がり目もない…
東京に帰りたい…
あのさぁ前からいってた夕食の食材のことだけどさ
こっちの業者のほうが安いんだよね
あらダメよ！今でさえギリギリの品質なのに
このへん一帯でどんどん宿泊費が下がってるんだから切り詰めないと…

安宿なんだから お客様だって 期待してないよ
今の人は 安けりゃ 安いほど 嬉しいん だから
そうか ねえ…
昔のプライド 保ってたって 何にも ならないよ
……
ああ！ 来た来た 銀次郎くん
悪いわね 呼んじゃって
あらっ このキノコ汁 おいしい！
…どうも？
特別に 採ってきて もらったの
香子さんは 特に山のものが お好きだった でしょう
覚えてて くださったの!? 嬉しい！
誰だっけ …？
見たこと あるような 気もするけど…

お父様の会社では随分ごひいきにしていただいたもの
銀次郎も一緒に遊んでいただいてねえ
20年前
そ…そうでしたかね
あははは
ちょっと！覚えてないのっ!?
結婚の約束までしたのに！
あら～～そうだったわねえ～♥
オホホホ
しらねーよ!!
あの頃とは違ってこのへんもさみしくなっちゃって
こういう思い出話もいつまでできるか…
この子が戻ってきてくれたから任せてるけれど…
こんな田舎の古宿を継がせるのも重荷よね
私は思い出がたくさんできたからもう十分だわ

アーハハハ…
…じゃ そろそろ 失礼しますね なんにも ないけど ゆっくりして いってね
ああ 楽しかった
やっと解放される…
銀次郎くん！ちょといい？
…はい？
…あなた やる気 あるの？
フロントには人がいなくて 5分も待たされる 備品は壊れて 使えないものが多い
故障中
食事もそう… 女将さんが出してくれた キノコ汁以外 どこでも食べられる ようなものばかりだわ

町の足湯公園だって荒れ放題じゃないの…あなたのお父様の頃は違った
こんなことじゃ早々に潰れてしまうわ
しょ…しょうがないですよ
うちの町に何があるっていうんです？派手な観光資源があるわけでもない…ただの元炭鉱町ですよ
価格を下げなきゃお客様は来てくれない価格が下がれば切り詰めなきゃならない…
旅館組合もまとまりがないし従業員もやる気がないし…
けど　こんな状況で誰がやる気出すっていうんですか
時代の流れです…仕方ないんですよ

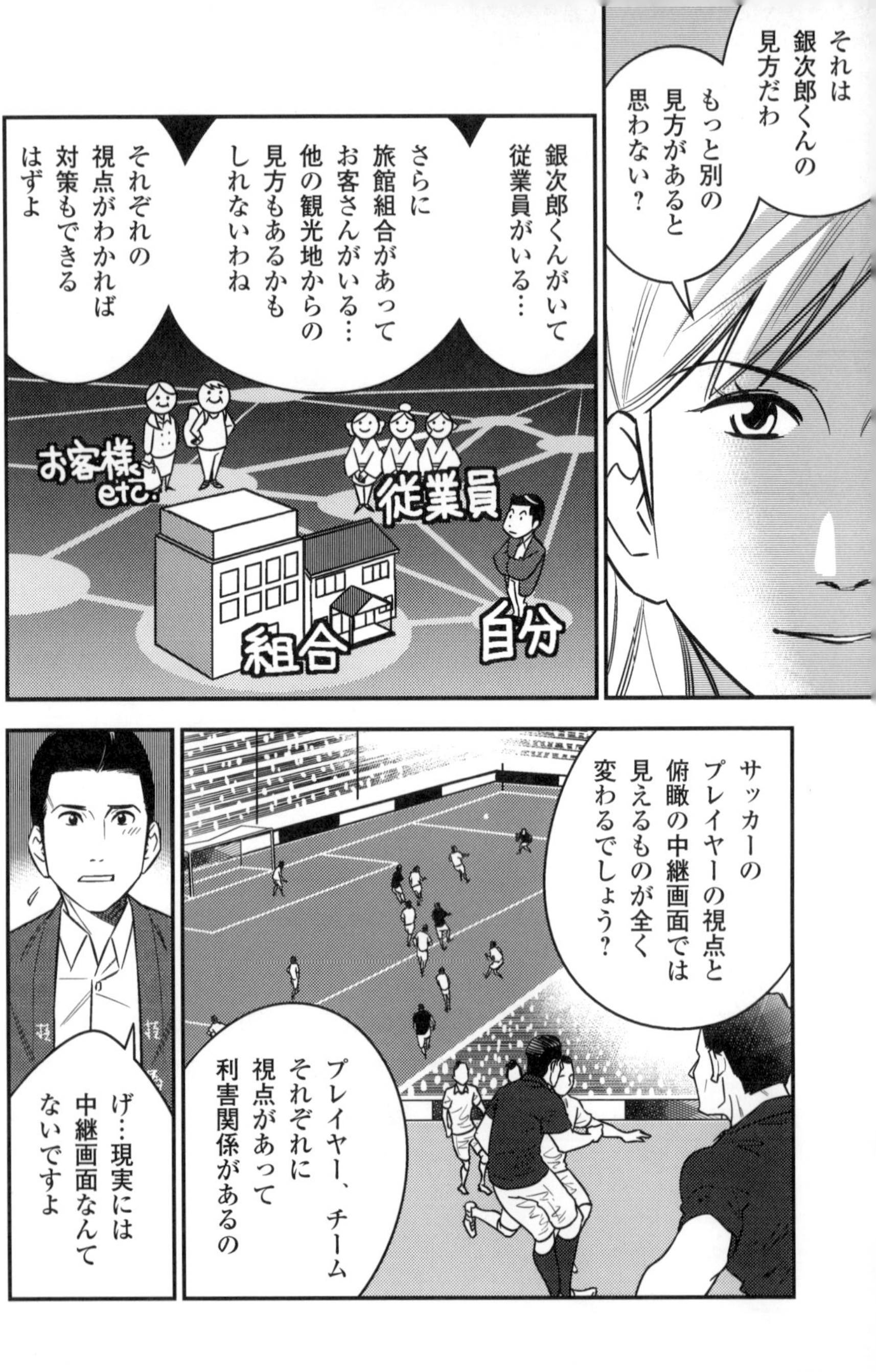
それは銀次郎くんの見方だわ
もっと別の見方があると思わない？
銀次郎くんがいて従業員がいる…
さらに旅館組合があってお客さんがいる…他の観光地からの見方もあるかもしれないわね
それぞれの視点がわかれば対策もできるはずよ
お客様etc.
従業員
自分
組合
サッカーのプレイヤーの視点と俯瞰の中継画面では見えるものが全く変わるでしょう？
プレイヤー、チームそれぞれに視点があって利害関係があるの
げ…現実には中継画面なんてないですよ

そこでゲーム理論よ
ゲーム理論では状況を「ゲーム」として捉えるの
自分だけでなく他者の行動や利害関係も含めた全体像を把握する
起きている状況を深く理解して対策を立てるための考え方よ
どう？聞いてみない？
説得力ないけど…

ゲーム理論とは

01

あらゆる問題に応用できるゲーム理論

物語の主人公、銀次郎が学ぶことになったゲーム理論ですが、歴史はそれほど長くはありません。20世紀のはじめに天才数学者のフォン・ノイマンと経済学者のモルゲンシュテルンが経済問題を分析するための数学的な理論として考えたのが、ゲーム理論の始まりです。

ゲーム理論は、**利害が対立する者同士の関係や駆け引きを分析するツール**として生まれました。その後、国と国との関係や動物の行動を分析するツールとしても利用できることが明らかになり、経済学にとどまらず社会学や心理学、生物学など様々な学問分野で使われています。

人や組織、あるいは生物などが互いに影響し合う状況では、時として不可解な現象が観察されます。そういう状況を理解するのにゲーム理論がとても有効であることが明らかになってきました。

ゲーム理論とは

ゲーム理論
利害が対立する者同士の関係や駆け引きを分析するツール

■ **ゲーム理論の応用範囲**

国同士の対立

組織内の問題

ゲーム理論の特徴

02

⇩問題を俯瞰する

ゲーム理論の特徴は、**複数の人や組織の間で起こる状況の全体像を（ひとつのゲームとして）客観的に俯瞰して分析する**ことにあります。

この**俯瞰思考がゲーム理論の最大の特徴**です。

ゲーム理論が有益である理由は、一般的に**私たち人間はこの俯瞰思考がとても苦手**だからです。

自分の視点で状況を見るのは比較的簡単です。しかし、それでは問題を一面的にしか捉えることができず、本質を理解できないことが多いのです。

物語の主人公・銀次郎は、様々な問題に直面しています。そして、自分が置かれている状況を俯瞰することができず、「状況は改善できない」「問題は解決できない」とあきらめてしまっていました。これに対して香子は、状況を俯瞰して分析することで、問題の本質を理解し、解決できると考えたので、銀次郎にアドバイスしたわけです。

問題を俯瞰する、すなわち問題の全体像を大局的に捉えるためには、想像力が必要です。

他者の立場になったらどのように問題が見えるだろうか——こうして**多面的な視点で、問題の本質を捉えようとする**のがゲーム理論の最大の特徴なのです。

いうのは簡単ですが、状況を俯瞰するのはそれほど簡単なことではありません。

銀次郎が旅館を取り巻く様々な問題に頭を抱え、やる気を失いそうになっていたように、自分の視点から見るだけでも複雑な状況はしばしばあるでしょう。そこに他人の視点まで入れたらさらにややこしくなり、とても理解できなくなってしまいそうですよね。

複雑な状況は俯瞰して考える

⇩単純化して考える

そこで、助けてくれるのがゲーム理論のもうひとつの特徴、単純化です。

複数の人や組織が互いに影響し合う状況を細部にまでこだわって見ていくと、あまりに複雑でかえって状況が理解できなくなってしまいます。

もちろん細部が大事なケースもありますが、**状況が理解できないために行き詰ってしまうくらいであれば、最も重要なポイントに意識を集中させるほうが賢明**です。

つまり、状況をシンプルに理解し、アプローチするのです。

ゲーム理論では、**複雑な状況の中から、プレイヤー、戦略、利得、という3つの要素だけを取り出し、状況を単純化**して理解しようとします。それぞれの中身は、次の表を見てください。

はじめてゲーム理論を学ぶ人たちにとっては、「こんなに大胆な単純化をしたら問題の本質まで失われてしまうのではないか」と心配になるかもしれません。もちろん、大事な部分まで捨象してしまってはいけませんが、プレイヤー、戦略、利得の3つを適切に抽出することができれば、それだけで十分に問題の本質が捉えられます。

ゲーム理論の3つの要素

プレイヤー	・プレイヤーはその状況の中で中心的な役割となる人や組織のこと ・状況の中で問題の本質にかかわる重要な人物や組織は誰なのかを考え、そこだけに意識を集中させる ・慣れないうちはふたりのプレイヤーに絞って分析する
戦略	・戦略とは各プレイヤーがもつ行動の選択肢のこと ・結果に影響を与える重要な選択だけに意識を集中することが重要
利得	・利得とは、起こり得る結果のプレイヤーたちにとっての望ましさ程度のこと ・ふたりのプレイヤーがそれぞれふたつの戦略をもっている場合、起こり得る結果は2×2=4通りあるが、これらがそれぞれのプレイヤーにとってどの程度望ましいかを数字で表したものが利得である ・あるプレイヤーが望ましいと思う結果であっても、他のプレイヤーが望む結果であるとは限らない

03 問題をシンプルに捉えると見えてくるもの

単純化で手に入る3つの視点

ここまでの説明でゲーム理論の特徴を理解していただけたでしょうか。ゲーム理論は状況を極端なまでに簡略化して理解しようとしますが、このことは様々なメリットを生み出しています。

それぞれ詳しく見ていきましょう。

視点1　様々な状況・分野に応用できる

ゲーム理論は、経済学だけではなく、生物学や社会学、政治学、心理学など多様な分野で分析ツールとして使われていますが、その理由は、単純化にあるといえます。

ビジネスにおける様々な問題だけではなく、政治上の問題、動物の問題も、単純化して数字で表してしまえば、同じように分析することができます。

また、たとえば企業間の協力関係や敵対関係と似たような関係が動物間にもあるように、ある学問分野で明らかになったことが全く異なる学問分野の分析にもあてはまることがあります。こうして**ゲーム理論を用いた分析は、学問分野の壁を越えて広がり、ビジネスの世界でも使われるツールとなっている**のです。

視点2　問題の典型的なパターンがわかる

一見、まったく異なる問題のように思えても、ゲームとして表現すると、数字の上ではほとんど同じ構造であったということはしばしばあります。というのも、実は、**問題が起こる構造にはいくつかの典型的なパターンがある**からです。

問題を引き起こす典型的なパターンを知っているかどうかで、世の中の見え方が違ってきます。あらかじめ問題のパターンを知り、それぞれの問題のしくみとその対処法を理解しておくことで、同じ構造で起こる多様な問題に対処することができるようになるでしょう。

視点3　視野を広げやすくなる

細部にこだわっていると、どうしても視野が狭くなりがちですが、余計なことを捨象することで、空間的な視野・時間的な視野を広げることが可能になります。

香子はサッカーの例をあげましたが、視野が狭いプレイヤーは少ない選択肢しか見えないため、なかなか不利な状況を打開することができません。視野を広げることで、より良いパスコースやシュートコースが見えるようになり、巧みに試合を進められるようになります。

ビジネスの世界でも同じことがいえます。自分の目線でしか物事が見られない人よりも、他者の立場になって物事が見られる人の方が、問題の構造がよく見えます。また、問題をシンプルに捉えることで、さらに空間的な視野を広げる余裕ができると、問題の解決をサポートしてくれる「第三のプレイヤー」の存在に気づくこともあるでしょう。

問題をシンプルにし、本質を捉えようとすると、時間の重要性も見えてきます。**私たちが抱える多くの問題は、今の行動ではなく過去の行動に原因があることが多い**ものです。つまり、行動と結果の間には時間差があるケースが多いのです。それに気づかず、目先のことだけを考えていては問題の本質的な解決には至りません。

状況を極端に単純化することで、時間的な視野を広げて問題を考えることもできるようになるのです。

ゲーム理論をビジネスに応用する

04

ビジネスシーンはゲーム理論の対象に溢れている

既に説明したように、ゲーム理論は、多様な問題に応用することができます。

学問の世界では様々な分野で標準的な分析ツールとして応用されていますが、その範囲は学問の世界にとどまりません。ビジネスの世界でも、意思決定や問題解決のツールとしてその有効性が認められています。その証拠に、世界中のビジネススクールでゲーム理論は最も重要な科目のひとつとなっています。

なぜビジネスの世界でゲーム理論が効果を発揮するのでしょうか。その理由は、（特に現代の）**ビジネスシーンは、複雑な利害関係や相互依存関係に溢れている**からでしょう。

私たちは、顧客、ライバル企業、取引先、銀行などの金融機関、行政、地域、株主などの様々なステークホルダーと利害関係・相互依存関係を築いています。また、企業内を見ても、経営者と従業員や労働組合、部署間の関係、部署内での上司、同僚、部下との関係など、様々な人間関係があります。

特にリーダーとして責任を担う立場になれば、こうした関係性の中で起こる様々な問題に対して、どのように対処すべきかを知っておいた方がいいでしょう。ゲーム理論は、そのヒントを与えてくれます。

⇩現状維持が許されない時代の問題解決力

ＩＴをはじめとした技術革新やグローバル化、人々の価値観やライフスタイルの変化によって、昨今のビジネス環境は、かつてとは比べようもないほど速いスピードで変化しています。少し前までうまくいっていたことが、たちまち時代遅れになってしまうこともしばしばあるほどです。また、これまで経験したことがないような新しい問題に直面するケースも増えているでしょう。

こうした問題のすべてにゲーム理論が応用できるわけではありませんが、**ビジネスの問題の多くは、複雑化した関係性によって発生**しています。そして、それらを解決する手段として、ゲーム理論は威力を発揮するでしょう。

⇩問題解決に応用するために

本書のゴールは、ゲーム理論をビジネス上の様々な問題解決に活用してもらうことです。物語を通して、銀次郎がゲーム理論を使って問題を解決する様子を見ながら、ゲーム理論を現実の問題に応用するケースをイメージしてみましょう。さらに、解説の中に、自分の問題にあてはめて考えるワークを用意しました。

それでも、実際に使うには、本書を読んでワークをするだけでは不十分かもしれません。英語の本を読んでも、実際に英語を使うことがなければ、なかなか話せるようにはなりません。これは、どんなジャンルでも同じです。実際に使ってみることで、その理論を深く理解し、身につけ、使いこなせるようになるのです。

ふだんの生活の中で、「この問題にゲーム理論が使えるかもしれない」と気づくことがあったら、まずは実際に使ってみてください（もちろん、最初のうちは失敗しても困らないような問題からやってみてくださいね）。

それが、ゲーム理論の思考法を習得し、問題解決力を高める近道なのです。

Part 1

囚人のジレンマ
――ゲーム理論の基本

歩成町集会所
……え～……
勝てないゲームはルールを変える
Story 1
では組合の定例会を始めます……
角行旅館　主人
飛車屋　主人
玉乃湯　主人
王将ホテル　主人
…………
終わります
おい！まだ何も話し合ってないだろう！
なにか議題ありますか
マンネリ会合だし仲悪いんだよなぁ……

町が賑わう新しいアイデアはないのか？
王将さんこそ何かないのかね
私はいろいろやってるさ！問題はおたくらだろう
始まった
あー…じゃあ私からいいですか
足湯公園を復活させてはどうかと…
足湯公園？誰が手入れするんだ
まぁもち回りで……
その余裕がないから閉鎖したんじゃないか
フン余裕がないのはおたくらの努力不足だろう
じゃあアンタんとこでやってくれ！
ダルい…
何でもかんでも押しつけるな！
とにかくだ！うちは一番努力してる
どうこういわれる筋合いはない！

翌日――
うわっ…
王将ホテルのやつ
また値下げかよ！
あいつのいう
営業努力って
これしかねーじゃん!!
桂馬屋
自分とこが
余裕あると
思って
こうなりゃ
うちも
値下げだ…
ちょーっと
待った！
ひょい
何すんですか
香子さん!!
よく考え
なさいよ
王将ホテルって
あの大きな
建物でしょ？
そうです
また宿泊費を
下げてきたん
ですよ
王将ホテル
気にすること
ないじゃない！
インターネットで
見たけど
良い旅館だと
思わなかったわ
いや　団体客
取られるんで…

大人数だと安いほうがいいじゃないですか
= 10,000円
70,000円
= 7,000円
49,000円
そうやって安くした結果利益が残らなくて設備も古いままなんじゃないの
それはそうなんですけど…
これは典型的な「囚人のジレンマ」ね
「囚人のジレンマ」？
個人の利益と集団の利益が対立するジレンマ状態よ
多くの人が自分の利益だけを考えて行動するために全体としては望ましくない状況になってしまうの
個人の利益
集団の利益

「囚人のジレンマ」は
ゲーム理論において
もっとも代表的な
ゲームのひとつよ
次のような
状況をもとに
しているの
二人の囚人が
別々の
取調室にて
司法取引を
もちかけられる
囚人A
囚人B
条件① 二人とも自首したら禁固1年
自首
1年
条件② 二人とも自首しなかったら禁固1ヶ月
……。
1ヵ月

条件③
一人だけが自首したら
自首したほうは釈放
しなかったほうは禁固3年
自首
・・・。
3年
or
・・・。
自首
3年
自分が片方の囚人だったらどうする？
ええっ？迷いますね…
たしかにジレンマです
イチかバチか釈放を狙って自首するか？
でも相手も同じように考えてたら禁固1年ですもんね…
二人とも自首しなければ1ヶ月で済んだのに
そう！二人の「集団」としては協力し合って②がベストなはずでしょう？
けれどお互い自分の利益しか考えていないと①になってしまうのよ

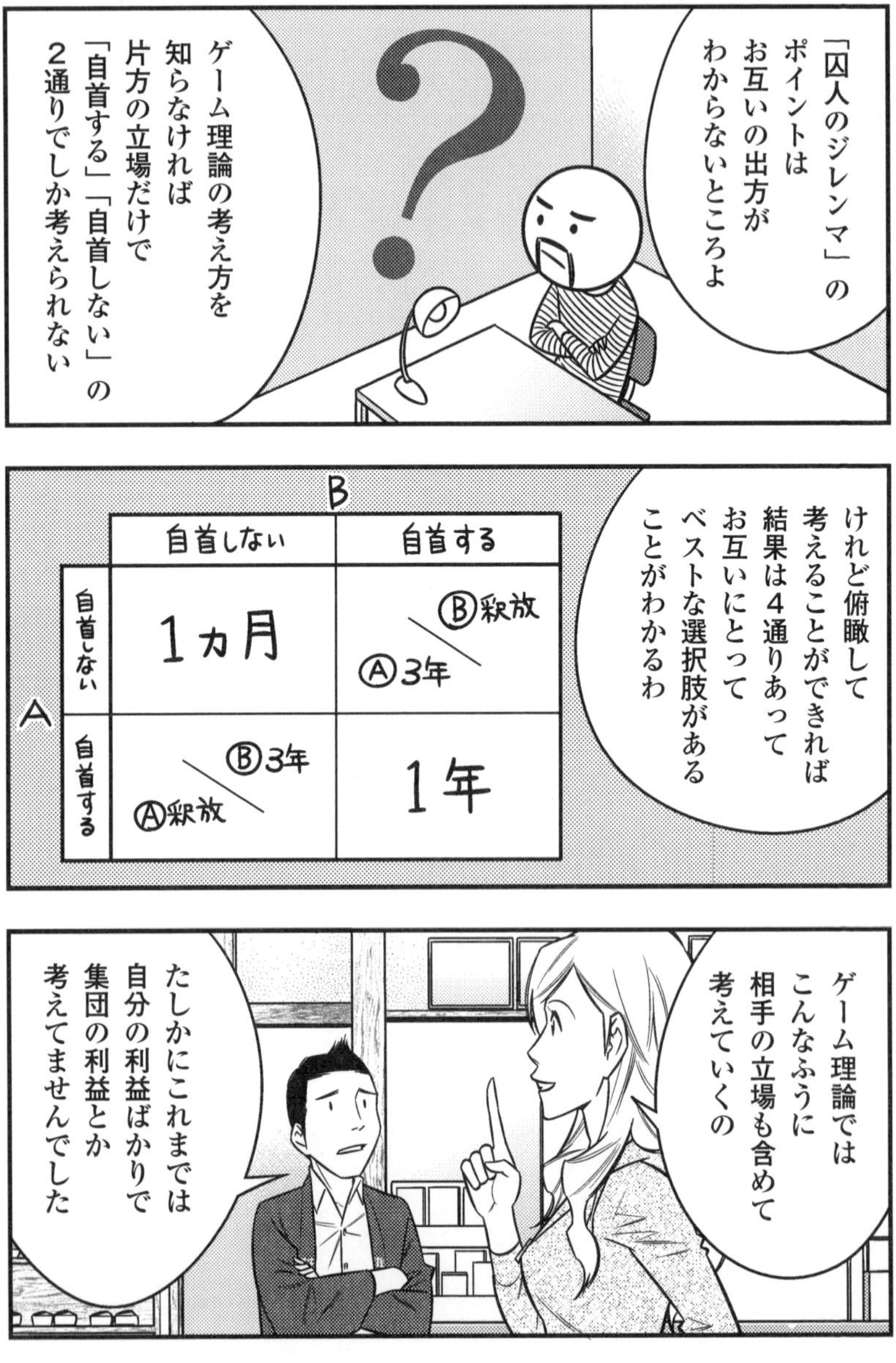
「囚人のジレンマ」のポイントはお互いの出方がわからないところよ
ゲーム理論の考え方を知らなければ片方の立場だけで「自首する」「自首しない」の2通りでしか考えられない
けれど俯瞰して考えることができれば結果は4通りあってお互いにとってベストな選択肢があることがわかるわ
B
自首しない
自首する
A
自首しない
1ヵ月
Ⓑ釈放
Ⓐ3年
自首する
Ⓑ3年
Ⓐ釈放
1年
ゲーム理論ではこんなふうに相手の立場も含めて考えていくの
たしかにこれまでは自分の利益ばかりで集団の利益とか考えてませんでした

似たような状況はどこにでもあるわ
たとえば夏のエアコン…「自分たちだけなら」という気持ちが全体の消費量を増大させてしまうの その結果 電気代が上がったりね
旅館同士の価格競争だってそうじゃないの
それぞれが一時的な利益のために値下げしつづけた結果どこもサービスに余裕がなくなってるわ
王将ホテル
さらには温泉街全体のブランドイメージも損なってるのよ
協力して価格競争をやめるべきってことですか…
あの おっしゃることはわかるんですけどそこを協力してもらえないからこうなってるわけで…
そのとおり!

いくら正論でも「協力すべきだ」って善意に訴えるだけじゃ弱いのよ
抜けがけされて「正直者がバカをみる」状態になっちゃうと誰も協力しないわよね
そこでゲーム理論の見方を応用するの
ゲームに勝てないならルールを変えてしまえばいいのよ
「正直者が得をする」ようにね
ルールを変える!?

そりゃどういうことだ？
まだ俺一人の考えなんですけど…どう思います？
まあ正直価格競争はうちも限界だし他も同じだろう
抜けられるならありがたいが王将ホテルが聞かんよ
あれだって儲かるからやってるんだ
ルールを変えたいというのはそこでして
価格でなく宿泊サービスの質で競争してはどうだろうと…
価格
サービス
施設や宿泊サービスの質について基準を定めてですね
その基準を守れない旅館にはペナルティを課すようにするんです
うけうりだけど…

するとうかつに値下げして客単価が下がれば基準が満たせなくなるじゃないですか
これなら価格協定にならず全体の底上げができるかなと…
OK
品質基準
ペナルティ
評価項目やペナルティはこれから考えるんですけど
…まぁ組合で提案するなら具体的にして説得力をもたせたいよな
俺のほうでも評価項目とか考えてみるよ
ありがとうございます！
ただ…ブランドイメージとかいわれてもピンとこねぇなあ…
この町にそんな価値があるのかねえ

あー いいお湯 だった！
桂馬屋
ねえ 浴場の効能書き もっと わかりやすく しなさいよ
せっかく お湯はいい んだから もったい ないわ
もっと アピール しなきゃっ
アピール かぁ…
あら 何 見てるの？
昔の アルバムです
…俺 歩成温泉が なんで 寂れちゃったのか わかった気がします

皆 自分の町に たいした価値がないと 思ってるんですよ
俺もそうだけど そんな考えじゃ アピールする気も 起きないじゃ ないですか
昔は炭鉱に 頼ってたし 閉山しても まだ景気が よかった頃は 首都圏からの お客様もたくさん 来てて
だけど 目の前のことに 追われてるうちに 見失っていったん じゃないかな

まいったなぁ
町全体の問題
じゃないですか
俺一人じゃ
どうにも
ならない
ような…
そうね
状況を「ゲーム」
として捉えて
自分の置かれた状況を
俯瞰したから
自分一人で
あがいてもダメだって
ことが見えてきたのよ
「ゲーム」ねえ…
お客さんの
立場になれば
価格を
上げるには
相応の価値が
必要でしょ？
かといって
うちは
ただの炭鉱町
ですよ
高級温泉旅館みたいな
「くつろぎのひととき」と
汚いキツいの
炭鉱のイメージって
真逆だし…
あら
そうかしら？

私は炭鉱町っていいと思うわ
経済成長を支えてきたんですもの
ここはそのタフな労働者の癒やしになった温泉地よ
◎温泉組合定例会
「新生・炭鉱町」？

えーっとゲーム理論的に…
まぁいいや
とにかくこのままじゃ共倒れなんで…
確かになぁ
一理ある
価格なんて自由競争だろう!
私は反対だ
王将ホテルさんだって儲かればもっと設備に投資できるじゃないですか
…む
なんだかんだで町一番の旅館なんですから
ふさわしいグレード感があるべきで…
王将ホテル
そのために宿泊費も安売りするべきじゃないと思いますが

…!? 俺 うまいこと いったな
う〜〜ん なるほど そういう 見方も あるか…？
相手の立場も 含めて 考えるの
ゲーム理論の おかげで口まで うまくなったぞ
そうです！
自分一人の 目線を離れて ゲームを俯瞰 してみてください
温泉地は 我々だけでは ありません
よそと戦うためには うちの町ならではの良さを 追求していく必要が あるわけですよ
相手の立場 相手の立場
内輪で足を 引っ張り合って いるより ある程度は協力 していった方が 皆のためです

町一番の旅館である王将ホテルさんの協力なしでこの町の未来は…
…そこまでいってくれるか…!!
よかろう!ダメならやめればいいことだ!
おお!!
いや～銀次郎がよくまとめてくれた!
さすが東京帰りだ!!
…ちょっと盛り上げすぎたかも
とりあえず値下げ競争は抜けられたからいっか…
パチパチパチ
パチパチパチ
パチパチパチ
パチパチパチ
アハハ

囚人のジレンマとは

01

ゲーム理論の分析方法を見ていこう

物語に登場した**「囚人のジレンマ」**と呼ばれるゲームは、ゲーム理論の中で最も有名、かつ最も重要なゲームです。

香子の説明のとおり、囚人のジレンマは、ふたりの容疑者（囚人）がそれぞれ警察から司法取引をもちかけられている状況を想定しています。ゲーム理論の具体的なイメージをつかむため、この状況をどのように分析するのかを詳しくみていきます。

プロローグで述べたように、ゲーム理論の特徴は、与えられた状況の本質的な部分として、プレイヤー、戦略、利得の3つだけを取り出して理解しようとすることです。具体的な手順は以下の通りです。

ステップ1　「プレイヤー」を特定する

与えられた状況で最も重要な登場人物＝プレイヤーを特定します。囚人のジレンマの状況では、ふたりの囚人（AとB）がプレイヤーとなります。

⇩ ステップ2　各プレイヤーの「戦略」を特定する

プレイヤーを特定したら、次に、それぞれのプレイヤーがとり得る選択肢を特定します。この選択肢がゲーム理論における「戦略」です。

囚人のジレンマでは、囚人A・Bはそれぞれ、**「黙秘する」**または**「自白する」**というふたつの選択肢をもっています。「いつ、どのように自白するのか」などを細かく考えると状況が複雑になってしまうので、ここではシンプルに自白するか否かだけを考えます。

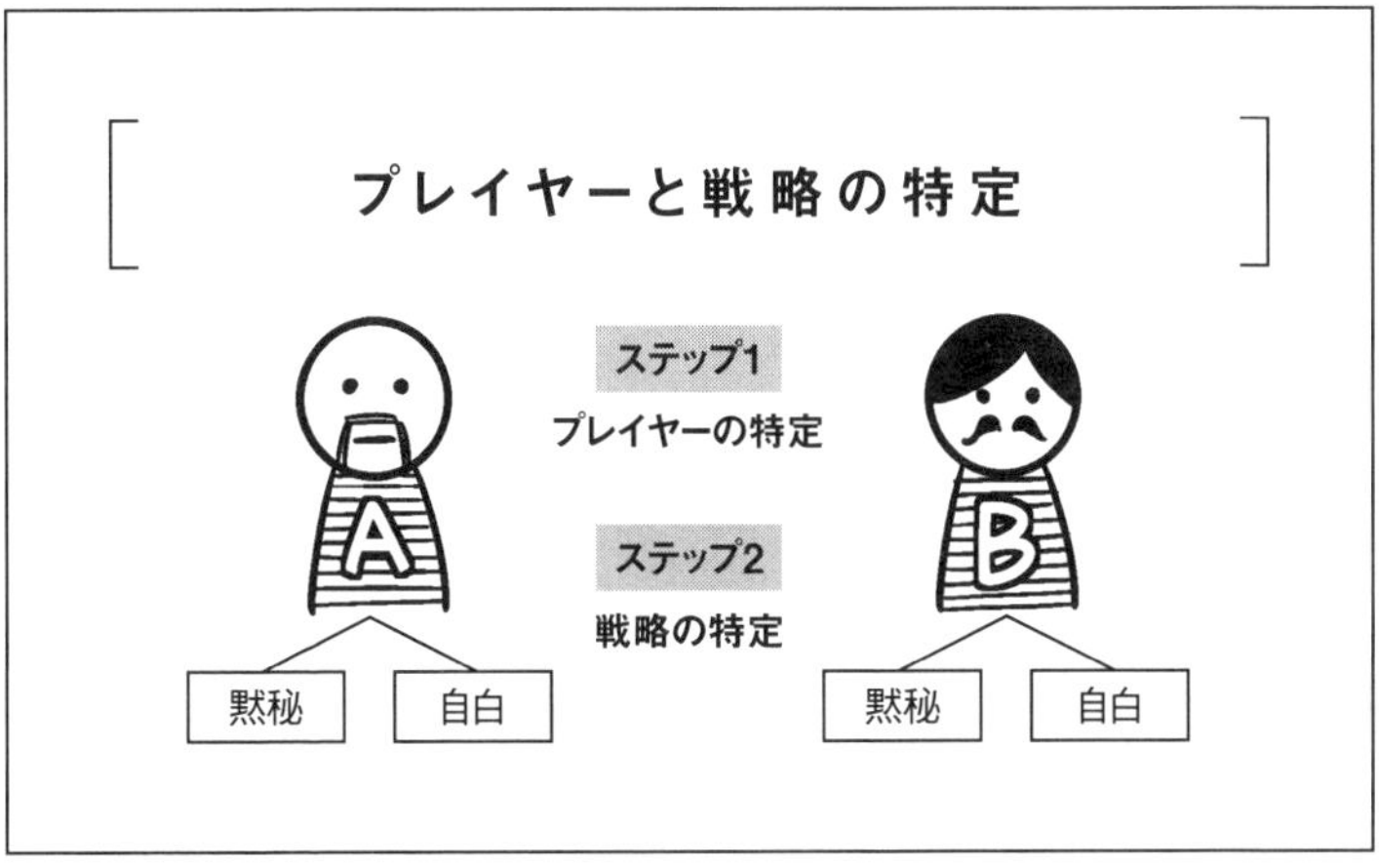
プレイヤーと戦略の特定
ステップ1
プレイヤーの特定
ステップ2
戦略の特定
A
B
黙秘
自白
黙秘
自白

⇩ステップ3　各プレイヤーの「利得」を考える

囚人のジレンマではふたりのプレイヤー（AとB）が、それぞれふたつの戦略（黙秘または自白）をもつので、起こり得る状況は全部で**「2×2＝4通り」**あります。**「ともに黙秘する」「ともに自白する」「Aだけが自白する」「Bだけが自白する」**という4つのケースです。

ステップ3では、これらのケースが、それぞれのプレイヤーにとってどの程度望ましいかを考えます。利得とはプレイヤーにとっての望ましさの程度を意味します。

囚人たちが、**「拘留期間が短ければ短いほど望ましい」**と考えれば、**囚人Aにとって最も望ましいのは拘留期間が一番短い「Aだけが自白する」**ですね。続いて、「ともに黙秘する」、「ともに自白する」の順で拘留期間が長くなり、最も拘留期間が長いのは「Bだけが自白する」です。

次の図では、**望ましさの程度**を◎、○、△、×の記号で表しています。

同じように、囚人Bにとっての、望ましさを考えます。ふたりが異なる選択をした場合、AとBで拘束期間が異なることに注意すると、Bにとって最も望ましいのは

「Bだけが自白」で◎、次が「ともに黙秘」で○、その次が「ともに自白」で△、そして「Aだけが自白」が最悪で×です。

図のように望ましさを○や×などの記号で表してもよいのですが、起こり得る状況が非常に多い場合などは記号では対応できません。そこで、**ゲーム理論では望ましさの程度を数字で表します**。この数字が**利得**です。「望ましさを数字で表すなんて……」と、初学者の皆さんはちょっと抵抗を感じるかもしれませんが、ここでは順位さえハッキリすれば問題ありません。望ましい順に3点、2点、1点、0点としてもいいですし、100点、80点、50点、10点としても大丈夫です。状況の優劣を数字の大小に置き換えることができていれば、そ

各プレイヤーの利得

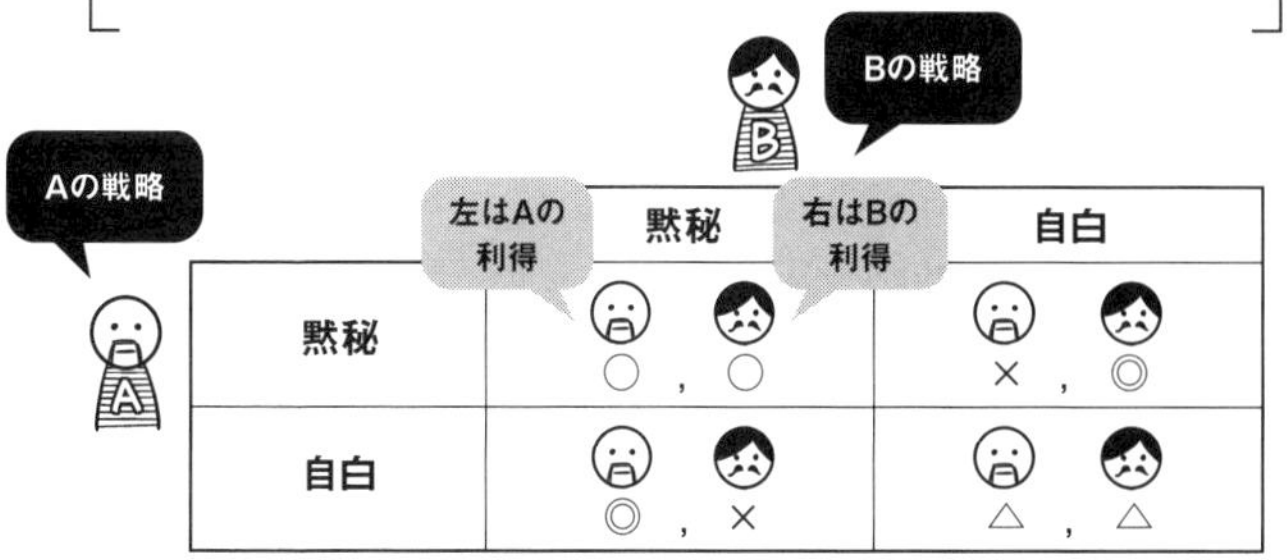

	黙秘	自白
黙秘	○ , ○	× , ◎
自白	◎ , ×	△ , △

れで問題ありません（補足：より高度な分析では、数字のつけ方に注意を払わなければならないことがあります）。

ここでは3、2、1、0を採用することにしましょう。

⇩「利得表」でゲームの構造を可視化する

記号を数字に置き換えたのが下の図です。

この表は**利得表**と呼ばれ、ゲームの構造を可視化するためによく用いられます。

前のページの図と同じく、利得表の4つのマスは各プレイヤーの選択によって起こり得る4つの状況に対応しています。表の上の段は囚人Aが黙秘するケース、下の段は囚人Aが自白するケースです。これに対

利得表——利得を数字で表す

A ＼ B	黙秘	自白
黙秘	2 , 2	0 , 3
自白	3 , 0	1 , 1

して表の左右の列は囚人Ｂの戦略が異なります。左側は囚人Ｂが黙秘するケース、右側は自白するケースです。

利得表の特徴は、それぞれのマスにふたつずつ数字が書き入れられていることです。マスの中のふたつの数字のうち、**左側の数字は囚人Aの利得、右側の数字は囚人Bの利得**を表しています。**左上（ともに黙秘）**と**右下（ともに自白）**では、ふたりの拘留期間が同じなので、それぞれ**（2，2）**、**（1，1）**と同じマスに同じ数字が書き入れられています。一方、**左下（Aだけが自白）**と**右上（Bだけが自白）**のマスでは、ふたりの拘留期間が違うので、それぞれ**（3，0）**、**（0，3）**と同じマスに異なる数字が入っています。

「囚人のジレンマ」における重要な情報（プレイヤー、戦略、利得）はすべてこの利得表に集約されています。このようにふたりの囚人が直面する状況から、プレイヤー、戦略、利得の情報だけを抜き出して、ふたりの相互依存関係の構造をゲームとしてシンプルに捉える——これがゲーム理論の特徴なのです。

02 ナッシュ均衡を見つけよう

⇩プレイヤーたちはどのように行動するのか

利得表を使ってゲームの構造を表すことができたら、次は結果の分析に移ります。

私たちが知りたいのはゲームの構造そのものよりも、**そのゲームで実際に何が起こるか**です。「囚人のジレンマ」というゲームでいえば、**囚人たちは黙秘するのか、それとも自白するのか**が最も知りたいところですよね。

プレイヤーたちの行動を予想する方法については色々な考え方がありますが、研究者たちがまず注目するのがゲームのナッシュ均衡です。

簡単にいうと、**ナッシュ均衡とは「お互いに相手の戦略に対して最適な戦略をとり合っている状態」**を指します。

利得表ができていれば、ナッシュ均衡を見つけるのはとても簡単です。

次の手順に沿って、「囚人のジレンマ」のナッシュ均衡を見つけてみましょう。

⇩ステップ1　相手の戦略を固定して、各プレイヤーの「最適戦略」を特定する

まずは、各プレイヤーにとっての最適戦略を特定します。最適戦略とは、プレイヤーにとって最も利得が大きい戦略のことです。たとえば、ジャンケンで、相手が必ず「グー」を出すとわかっていれば、勝つためには必ず「パー」を出すでしょう。ここで「パー」を出すというのが最適戦略です。

相手の出方がわからないと、どういう戦略をとるのが最適かを見極めるのは難しいものです。しかし、このように相手の戦略を固定してしまえば、最適戦略は簡単にわかります。

同じように考えて、囚人Aの最適戦略を特定してみましょう。

まず、囚人Bは必ず「黙秘」する――このように**Bの戦略を固定すると、起こり得るのは利得表の左側の2マスだけ**になります。このとき、囚人Aの利得（左の数字）は、黙秘をすれば「2」、自白をすれば「3」で、「3」の方が大きいですね。一番大きい利得を確認したら、その利得の数字、この場合**「3」**を○で囲みます。つ

まり、**囚人Bの「黙秘」に対する囚人Aの最適戦略は、「自白」である**ことが特定されたというわけです。

戦略がふたつしかないので、最適戦略というと大げさに聞こえるかもしれませんが、戦略がふたつ以上の場合も同じように考えていきます。

相手の戦略を固定して、一番大きい利得を考えることで、最適戦略を特定していくのです。

一方、**囚人Bの戦略を「自白」に固定する**とどうでしょうか。

起こり得るのは利得表の右側の2マスだけになります。囚人Aの利得（左側の数字）は「0」か「1」なので、大きい方の「**1**」を○で囲みます。つまり、**囚人Bの「自白」に対する囚人Aの最適戦略もやはり「自白」**なのです。

これで、囚人Aの最適戦略の特定は終了です。

Aの最適戦略を考えよう

Bが黙秘する場合のAの最適戦略は?

A＼B	黙秘	自白
黙秘	2 , 2	0 , 3
自白	③, 0	1 , 1

比較

Aの最適戦略

Bが自白する場合のAの最適戦略は?

A＼B	黙秘	自白
黙秘	2 , 2	0 , 3
自白	3 , 0	①, 1

比較

Aの最適戦略

同じように囚人Bの最適戦略を特定していきます。

囚人Aの戦略を「黙秘」に固定すると、起こり得るのは利得表の上段の2マスのみになります。囚人Bの利得は、黙秘を選べば「2」、自白を選べば「3」なので大きい方の**「3」**を○で囲みます。

同様に、**囚人Aの戦略を「自白」に固定すると（下段の2マスに注目）**、囚人Bの利得は黙秘を選べば「0」、自白を選べば「1」なので**「1」**を○で囲みます。

⇩ステップ2　互いに最適戦略をとり合っている状態を探す

囚人AとBの最適戦略をすべて調べて○で囲んだら、ナッシュ均衡を見つけるのは簡単です（66ページ参照）。

ナッシュ均衡は「お互いに相手の戦略に対して最適な戦略をとり合っている状態」ですから、**ふたつの数字がともに○で囲まれたマス、それがナッシュ均衡**というわけです。

囚人のジレンマゲームでは、右下のマス、すなわち囚人AとBが「ともに自白」の状態だけがナッシュ均衡になることがわかりますね。

Bの最適戦略を考えよう

Aが黙秘する場合のBの最適戦略は?

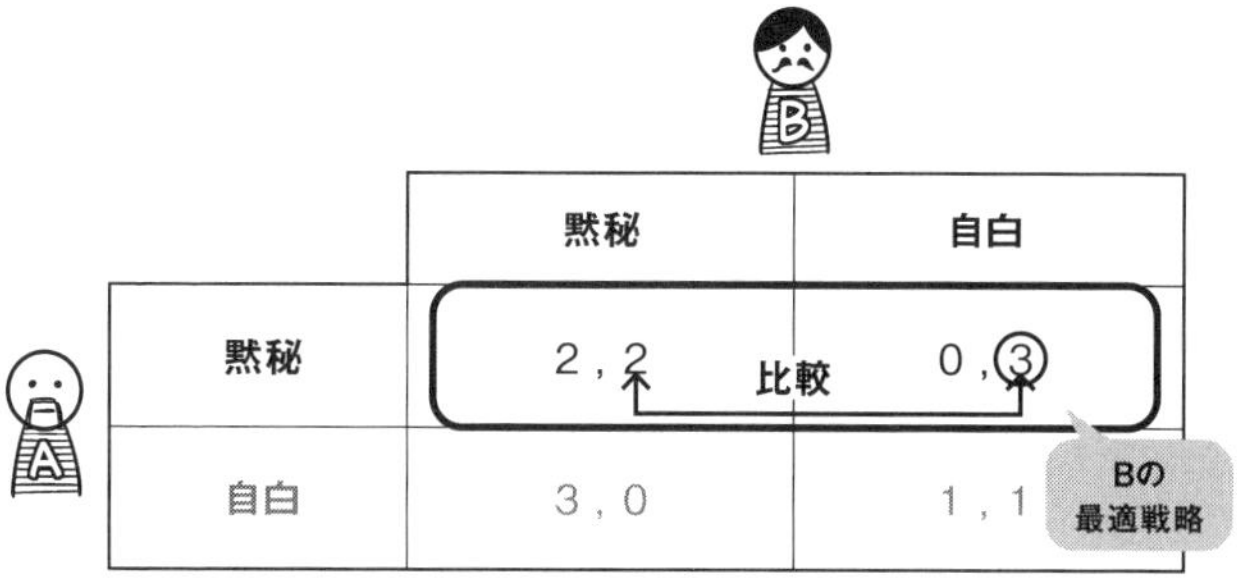
B
黙秘
自白
A
黙秘
2，2
比較
0，3
自白
3，0
1，1
Bの
最適戦略

Aが自白する場合のBの最適戦略は?

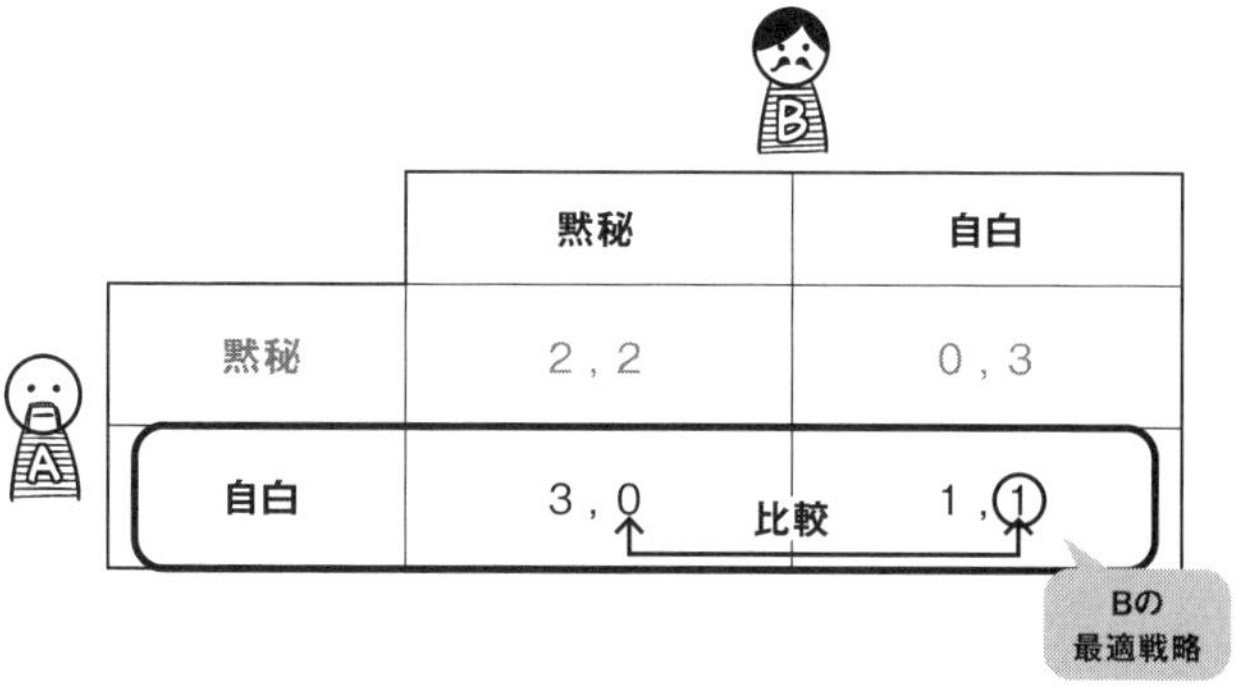
B
黙秘
自白
A
黙秘
2，2
0，3
自白
3，0
比較
1，1
Bの
最適戦略

ナッシュ均衡はなぜ重要なのか

研究者たちがナッシュ均衡を重視する理由はいくつかありますが、そのひとつが安定性です。ナッシュ均衡の状態は、お互いに最適な行動をとり合っているので、お互いに「行動を変えよう」とする動機をもつことはありません。そのため、**いったんナッシュ均衡に落ち着くと、その状態に安定してしまう**傾向があります。

一方、ナッシュ均衡でない状態は、相手の戦略に対して最適ではない選択をしているプレイヤーが必ず存在します。そのプレイヤーはいずれ戦略を変えてしまうでしょうから、安定した状態とはいえません。

プレイヤーたちが行動を変えたがらない

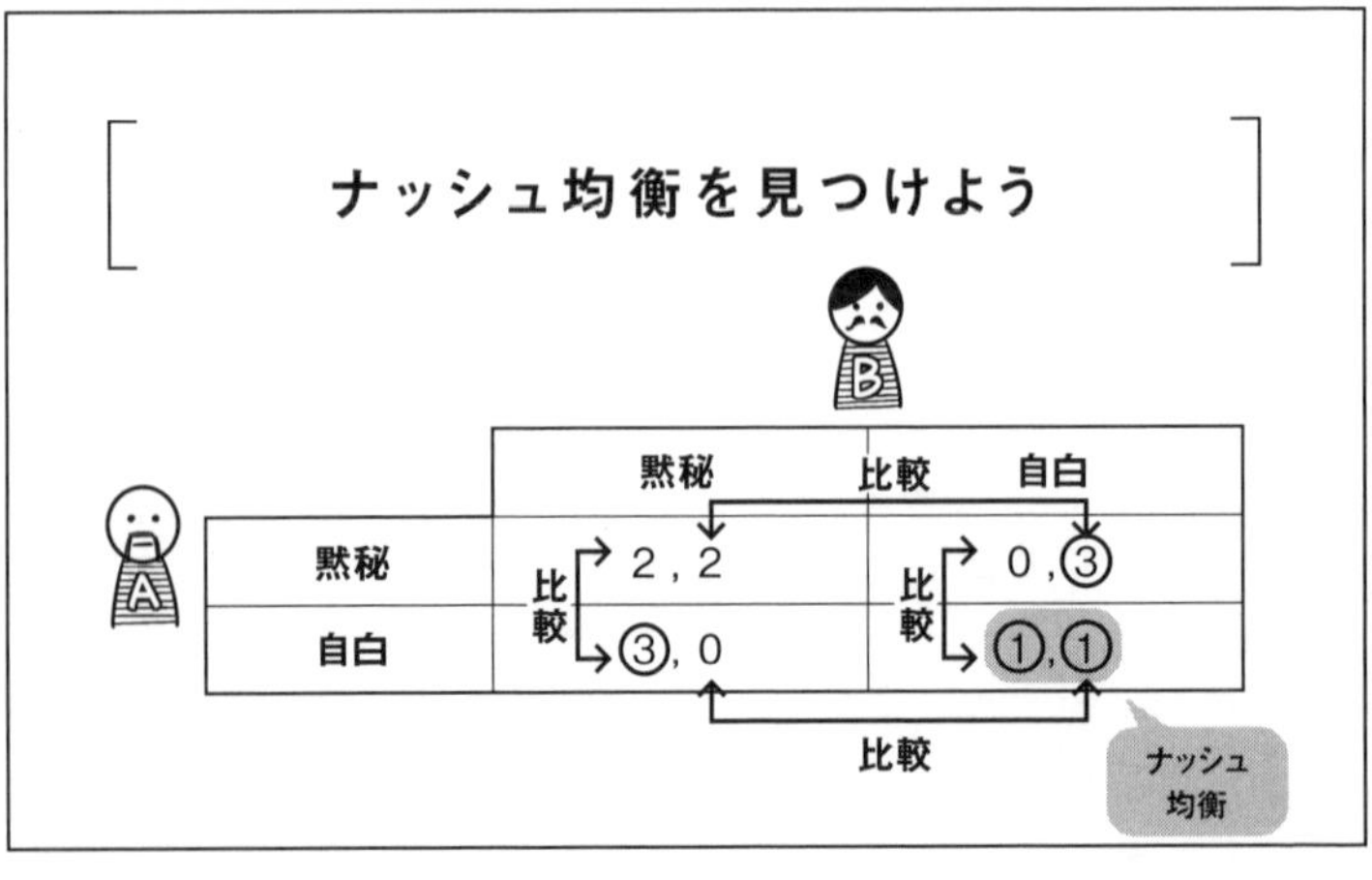

安定した状態はナッシュ均衡以外にありません。こうした理由から、**ナッシュ均衡は、ゲームで選ばれる結果の最有力候補**と考えられているのです。「囚人のジレンマ」にあてはめると、**ふたりの囚人は「ともに自白」するだろう**と、多くの研究者が予想するというわけです。

⇩練習問題　ジャンケンの利得表を書いてみよう

日本人にはお馴染みのジャンケンですが、AとBがジャンケンをする状況を利得表で表してみましょう。利得表が書けたら、ナッシュ均衡を見つけてみましょう。

解答は78ページで紹介します。

ジャンケンの利得表（例）

		B		
		グー	チョキ	パー
A	グー	A，B 0，0	A，B 1，−1	A，B −1，1
	チョキ	A，B −1，1	A，B 0，0	A，B 1，−1
	パー	A，B 1，−1	A，B −1，1	A，B 0，0

※ここでは、勝ちが1点、負けが-1点、引き分け（あいこ）を0点とするが、違う数字でも大小が同じであれば問題ない

囚人のジレンマから見えるゲームの本質

03

なぜ囚人のジレンマは重要なのか

様々あるゲームの中で、「囚人のジレンマ」は最も有名であり、かつ重要なゲームだと考えられています。その理由はなぜでしょうか？

それは、**「囚人のジレンマ」は、私たちの身の回りに起こる問題の最も典型的な構造を表しているから**です。

もし、ふたりの囚人が自分の利益だけを考えたら「自白」をした方が得です。自白をすることで自分が拘束される期間は短くなるからです。

一方、自白をすると、相棒の拘束期間は長くなります。つまり、**「囚人のジレンマ」は、他人を犠牲にすることで自分が得をする**ような構造になっています。

囚人たちが、もし**自分の利益だけを考えて行動すると、結果的に「ともに自白」(ナッシュ均衡)が選ばれる**でしょう。しかし、ともに自白するとそれぞれ1年間拘束されてしまいますが、ともに黙秘すれば1ヶ月で済みます。つまり、**「ともに自白」**

は、ふたりにとって明らかに好ましくない結果です。

個人の利益と全体（他者）の利益が対立しているため、それぞれのプレイヤーが自分の利益だけを追求すると、全体としては望ましくない状態に落ち着いてしまう——これが囚人のジレンマゲームの本質的な構造です。

同じような構造で起きる問題は、身の回りにたくさんあります。以下では3つの例を考えてみましょう。

⇩値下げ競争

物語の中で出てきた「値下げ競争」は囚人のジレンマと同じ構造をもつ、典型的なケースです。

王将ホテルがしたように、価格を引き下げればライバルから客を奪うことができるので自分の利益は増えますが、ライバルの利益は損なわれてしまいます。すると、ライバルはさらなる値下げという戦略をとるでしょう。すると、今度は自分の利益が損なわれる——これが値下げ競争の構造ですね。値下げ競争の**利得表**は次のページに示したとおりです。**ナッシュ均衡は、「ともに値下げする」**になります。物語の中で、銀次郎は王将ホテルの値下げを受けて、自分も値下げしようとしていましたが、これはゲームの構造上、とられやすい戦略なのです。

しかし、こうして**値下げ競争を続けていくと、お互いの利益が損なわれていきます**。十分な利益が得られなければ製品・サービスの質が下がっていくでしょうし、ブランドイメージを傷つけることにつながるかもしれません。ひいては、**「共倒れ」という最悪の事態に陥る可能性もある**のです。

⇩限られた資源の奪い合い

ウナギやマグロなどの乱獲が問題視されていますが、こうした資源問題も囚人のジレンマと構造を同じくします。

値下げ競争の構造

		王将ホテル	
		値下げしない	値下げする
桂馬屋	値下げしない	2, 6	0, ⑧
	値下げする	③, 2	①, ④

ナッシュ均衡

ウナギ漁をする漁業者をプレイヤーとして、戦略を漁獲量が「少ない」「多い」とします。自分の利益だけを考えれば「多い」を選んだ方が得ですが、多くのプレイヤーが漁獲量を増やすと、資源が枯渇し、将来的には漁が続けられなくなり、自分たちで自分たちの首を絞めるジレンマ状態に陥ってしまいます。

⇩地球温暖化問題

規模がとても大きいですが、地球温暖化問題も囚人のジレンマと同じ構造で起こる問題です。

自分の利益だけを考えれば、化石燃料（石油・石炭・天然ガス）を大量に使う生活は、便利で快適です。しかし、そのような生活を続け、温室効果ガスの排出量が増えれば、地球は温暖化し、遠くない将来、世界中の人が甚大な損害を被ることになります。残念ながら、地球温暖化問題は、現時点においてこのジレンマを抜け出す見通しが立てられずにいます。

⇩身近な「ジレンマ」を探そう

ここで紹介した3つの問題は、「囚人のジレンマ」とはプレイヤーの数や戦略の数が異なります。しかし、**個人の利益と全体の利益が対立することで問題が起こる（全体にとって望ましくない状態に陥ってしまう）点では共通**しています。

こうした問題、ジレンマは、ここで紹介した事例以外にも、私たちの社会にあふれています。それが、「囚人のジレンマ」がゲーム理論の中で最も有名であり、かつ最も重要なゲームといわれる理由なのです。

皆さんの身の回りにも、このような構造で起こる問題はたくさんあるのではないでしょうか。ここまでの復習をかねて、少し考えてみましょう。

Work 1

身の回りで、囚人のジレンマと同じ構造をもつ問題を探してみましょう。

囚人のジレンマへの対処法 04

「囚人のジレンマ」への有効な対処法はあるか

これまで見てきたように、「囚人のジレンマ」は、社会のいたるところに存在する問題です。それぞれの問題に対して、様々な対処がなされてきましたし、皆さん自身も自分なりに対処された経験もあるかもしれません。よく行われる対処法の中には効果的なものもあれば、あまり有効でないものもあります。

それでは、「囚人のジレンマ」の対処法を考えてみましょう。

善意に訴えるだけではうまくいかない

まず、「囚人のジレンマ」への対処法としてよく見かけるのが、利己的な振る舞いをしないように善意に訴えることです。

「協力してください」

「電気の無駄遣いはやめましょう」

このように訴えることで問題が解決することもあるのですが、現実には、利己的な振る舞いが改善されず、「正直者がバカをみる」ような状況が放置されてしまうことも少なくありません。

善意に訴えることで利己的な振る舞いが改善されるケースには、いくつかの条件があります。

⇩お互いの行動が観察できる長期的な相互依存関係をつくり出す

その条件とは、次のふたつです。

①「囚人のジレンマ」のような状況が同じ人々の間でくり返される
②お互いの行動がよく観察できる

これらの条件が満たされるケースでは、善意に訴えることで、利己的な行動が抑止され、協力関係が維持されることがあるでしょう。

①の「囚人のジレンマ」のような状況になっているとは、**お互いに協力し合うこ**

とで大きな利益を得ていることを意味します。協力によってお互いに利益を得ている場合、**協力関係を断つことが利己的な振る舞いをした人に対する罰則となる**ので、一時的な利益のために裏切り行為をするのを防げるかもしれません。

地域社会や職場の中では、後述するようなしくみがなくても、互いに協力する関係が維持されていることがありますが、うまくいっている地域社会や職場はふたつの条件が満たされているためだと考えられるでしょう。

しかし、もし、利己的な行動をした人が、自ら関係を断って逃げてしまう場合（例：自分勝手に振る舞った人がそのまま職場を辞めてしまうケース）や、相手の行動が観察できず隠れて裏切り行為をするのを防げない場合（例：夜勤の労働者が何をしているかを監視できないケース）は、やはり善意に訴えるだけではうまくいきません。

また、いったん協力関係が壊れてしまうと修復は難しく、ジレンマ状態から抜け出せなくなってしまいます。

善意に訴えるだけでうまくいかない場合には、ルールを変えて「囚人のジレンマ」の構造を根本から変える対策をとるべきでしょう。

⇩「ルール」を変えよう

そもそも、**「ジレンマ」に陥ってしまうのは、個人の利益と全体の利益が対立してしまっているから**です。問題を根本から解決するためには、この構造を変えなければなりません。

構造を変える方法のひとつとして、**全体の利益を損なうような利己的な振る舞いに対して罰を与える**ことがあげられます。

たとえば、ウナギの乱獲を防止する対処法として、各漁業者に漁獲量を割り当てて、違反をしたら罰金を払わせるしくみなどが考えられます。地球温暖化問題の対処法としての環境税（あるいは炭素税）にも

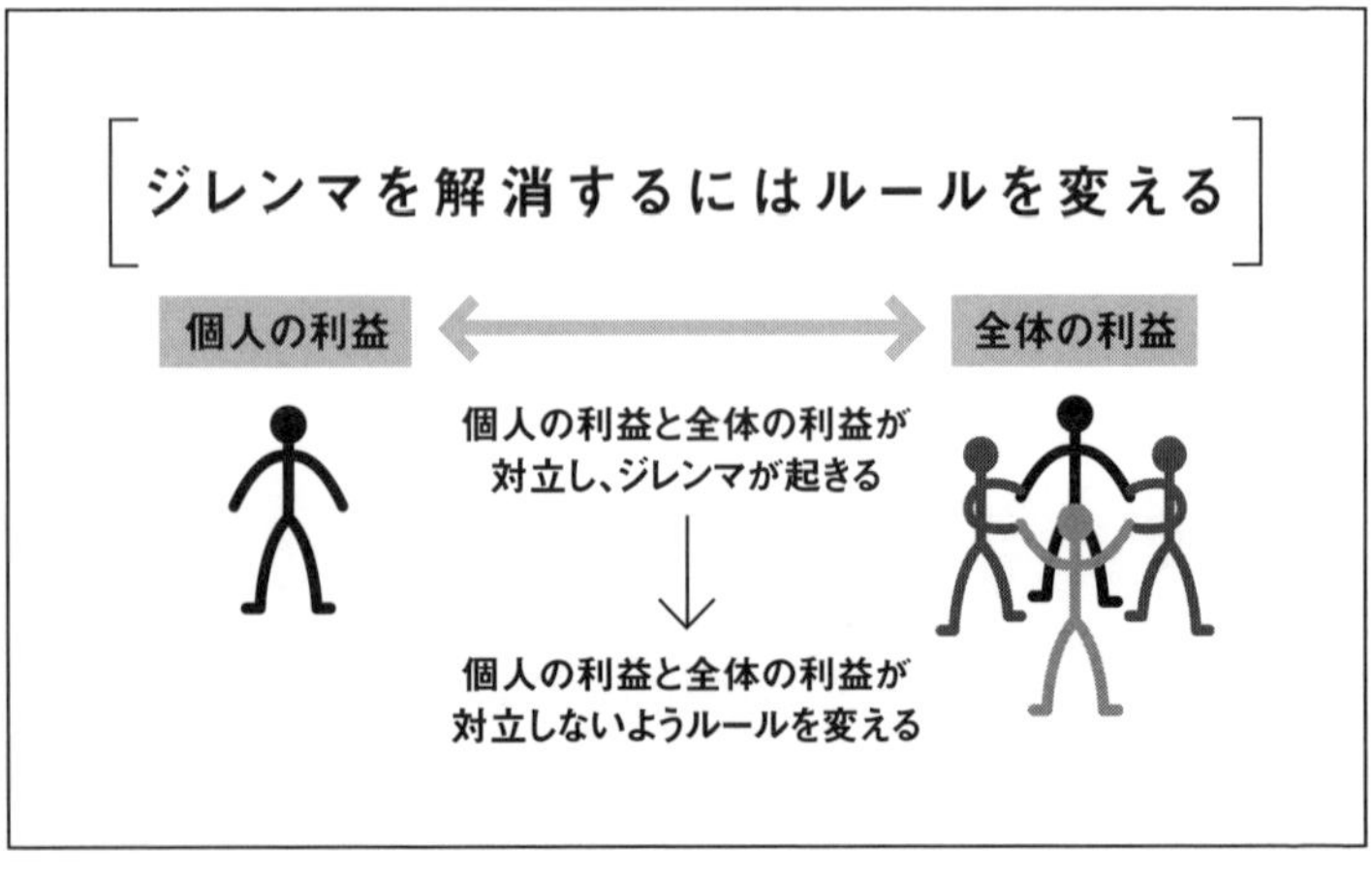

ジレンマを解消するにはルールを変える
個人の利益
全体の利益
個人の利益と全体の利益が対立し、ジレンマが起きる
個人の利益と全体の利益が対立しないようルールを変える

同様の効果があるでしょう。一人ひとりの温室効果ガス排出の影響は微々たるものですが、温暖化を通じて社会全体の利益を損なっています。その社会的な費用を消費者に負担してもらうことが環境税や炭素税の目的で、これらを導入することで**個人の利益と全体の利益を一致させる**ことができるのです。

物語の中では、温泉旅館の宿泊サービスの質を下げないような自主的なルールをつくり、それを破った場合にはペナルティを課すという対策を打ち出しました。これも、個人の利益と全体の利益を一致させ、ゲームの構造を変える有効な対処法といえるでしょう。

Work 2

Work 1で見つけた問題について、どのような対処法をとることで解決できるか考えてみましょう。

P.67練習問題の解答

ナッシュ均衡を探すために○を書き入れます。A、Bそれぞれの最適戦略を○で囲んでいくと、表のようになります。
結論としては、「じゃんけん」にはナッシュ均衡はありません。つまり、ジャンケンがどのような結果になるか（A、Bどちらが何を出しやすく、どちらが勝つのか）は、予想がつかないのです。

B

A	グー	チョキ	パー
グー	A B 0 , 0	A B ①, −1	A B −1 , ①
チョキ	A B −1 , ①	A B 0 , 0	A B ①, −1
パー	A B ①, −1	A B −1 , ①	A B 0 , 0

Part 2

コーディネーション・ゲーム
——社会が動くしくみ

変わりたいのに
変われない理由
Story 2
桂馬屋
アー……
Thank you
Have a
nice trip!
ガチャ
はー
緊張した！
ここのところ
外国からの
問い合わせが
チラホラ
あるなあ
銀ちゃん
助けてくれ！
英語で問い合わせ
メールが来たんだが
翻訳してくれんか
えっ
おたくも
ですか？
もしかしたら
アレのせい
かなあ…
アレとは？
欧米の
写真共有サイトで
歩成町の写真が
人気らしいんですよ

ほら 誰かが アップロード しまくってて
紅葉の谷とか 炭鉱跡とか
なるほど 外国人にも 物好きが いるな…
うちの webサイトも 英語対応した方が いいのかなあ
なにッ うちも 頼むわ!
えっ
英文科卒だろ? うちも頼むよ!
銀次郎 助けてくれ!
銀次郎! 銀次郎!!
ちょーーっと 待ったッ!!

こんな調子で いざ お客様が いらっしゃったら どうするんです! 誰が案内 するんです!
そらぁ銀次郎 頼むよ
イヤイヤ 俺だって自分の 仕事ありますから!
観光地の 説明板も 英語表記とか ないし!
町の お店の人も 英語話せ ないし!
外国人のお客様に 不便な思いをさせたら 世界中に悪評がッ…!!
一気に ピンチ
フフフ…これは 「コーディネーション・ ゲーム」ね
コーディネーション・ ゲーム?

Coordination
Coordination
「コーディネーション」とは
協調・調整の意味…
皆が協調して
同じ行動をとることで
皆が得するような
状況をいうの
落ち着くべき
協調行動は
ひとつではなく
しかも多くの人にとって
望ましくない協調行動に
落ち着いてしまう
ことがあるの
でも　望ましくない状態に
落ち着いてしまっている
ことに気づいたら
皆で一斉に
アクションを起こすことで
悪い状態を抜け出す
ことができるわ
本当ですか!!
悪い状態
Action!!

…で　誰？
うちの居候です
失礼ね！お金払ってるじゃないの
コーディネーション・ゲームってなんですか
事務所に勝手に入ってきて
こういう時は「皆で足並みを揃える」のが一番重要なのよ
一部だけ英語対応が進んでも外国人観光客を継続して呼びこむのは難しいわ
今は問い合わせがあっても一過性なものになってしまうでしょうね
？
日本語
どうだった？
チンプンカンプン
けれど町ぐるみで英語対応を進めれば外国人観光客の満足度が上がってさらなる評判が見込めるでしょ
はあ…現状は「望ましくない状態」なので一斉に行動を起こすべきってことですか
どうだった
こういう歴史があって…
English
けど町全体で英語対応って…大変ですよ
そこなのよ

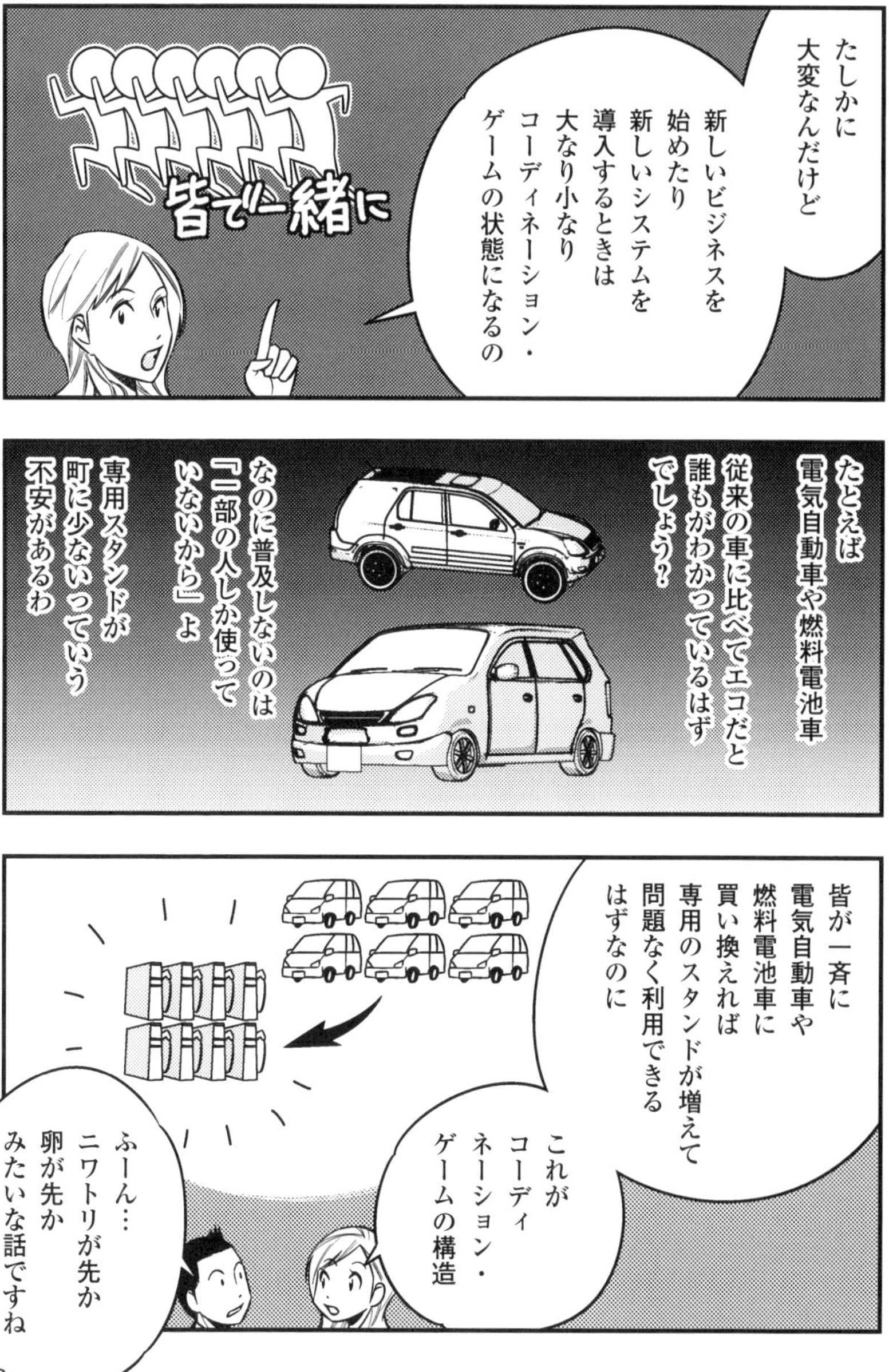
たしかに
大変なんだけど
新しいビジネスを
始めたり
新しいシステムを
導入するときは
大なり小なり
コーディネーション・
ゲームの状態になるの
皆で一緒に
たとえば
電気自動車や燃料電池車
従来の車に比べてエコだと
誰もがわかっているはず
でしょう？
なのに普及しないのは
『一部の人しか使って
いないから』よ
専用スタンドが
町に少ないっていう
不安があるわ
皆が一斉に
電気自動車や
燃料電池車に
買い換えれば
専用のスタンドが増えて
問題なく利用できる
はずなのに
これが
コーディ
ネーション・
ゲームの構造
ふーん…
ニワトリが先か
卵が先か
みたいな話ですね

だから
「一斉に舵を切る」ような
施策や努力をすべきね
先行投資的に
思い切って
スタンドを増やして
利便性をアピール
していくとか
電気自動車や
燃料電池車への
買い替えを
強くうながす
とか？
補助金
etc.
そういう
こと
じゃあ
今は歩成町全体で
外国人向けの
観光ビジネスに
踏み切るか否か
って時なんですか
ね
Welcome!!!!
or not
最大限に
効果を出して
次に繋げたいなら
そういうこと
だと思うわ
うーん…
でもなあ
次に繋がるか
どうかは
未知数だし
宿泊サービスを
立て直してから
でも遅くは…

人は習慣に
支配されるわ
コーディネーション・
ゲームの性質を
話しましょうか
性質？
「安定すると
変えにくい」
という性質よ
でもそこを
押して変えないと
時代に乗り遅れる
かもしれない
ビジネスにおいては
「とにかくシェアをとる」ことを
最優先にすべき場合があるわ
コーディネーション・
ゲームのこの性質を
知らずに『シェア3割
とれればいいか』
なんて思ってると
全部もっていかれる
ことだってあるの
特に製品規格が
絡むとこの傾向が
とても強くなるん
だけど…
たとえばPCの
ワープロソフトで
かつて「一太郎」と
「Word」が争って
いたことがあったけど
今はWord
だけが残って
一太郎を使っている人は
ほとんどいない
でしょ？
こうなった
理由は
わかる？
そんなの
簡単ですよ

他の人とファイルのやり取りができないと困るから皆売れている方を買いますし…
両方買う人なんて少ないですから当然そうなります
でしょ？「皆が使ってるから」で深い意味はないの
シェア獲得が遅れるとそうなるケースもあるわ
うちの方が絶対品質が良いのに…なんていっても「時既に遅し」よね
観光地はそこまで極端じゃないでしょう
まあね
だけど似たようなことになる可能性はあるわ
外国人に人気の観光地って日本人には意外なところだったりするものよね
ふとしたきっかけで人気が出てその後ずっと外国人観光客がとぎれなかったりしてる
「他にも面白いところを探してみよう」とはなかなか思わないのよ…一種のコーディネーションかも知れないわ

新しいスタンダードになれるかもしれないのに
たとえば他の観光地が外国語対応してみなさいよ
後からアピールしても遅いわ
う……そうなるとたしかに巻き返しは厳しそうですね…
Welcome!!!
…。
まあ…シェア云々は抜きにしても外国人は遠くから来るんだから
精一杯もてなしてやりたい気持ちはあるな
せっかく来てくれるんだからな
変えられる習慣かそうでないかの見極めは大切だけどね
たいてい大がかりな仕掛けになるし
ズゴゴゴ…
何割の人に協力してもらえるかが判断の決め手だわ
銀次郎!おれはやるぞ!!
このまま国内だけ相手にしてても小さなパイの奪い合いだ!
どうせ狙うならデカいパイの方がいい!

できるか できないか じゃない!! やるんだよ!!
王将ホテルさん さすが 儲けが絡むと 勢いが違い ますね……
…でも 王将さんの いうとおり だな
挑戦はして みてもいい
そうだな
ハイハイ ハイ!
そうと決まれば 私 タダで 英語を教えても いいですよ!
その代わり 町の空き家に 安く泊めて もらえれば♥
は!?
おおお! それは 心強い!
さっそく 住まいを 探そう!
まだ町に 居座るつもり なんですか…
なにか 問題ある?

しかし いいことを聞いたな コーディネーションかァ
こりゃ外国人向けに食事やインテリアも洋風にするべきかな
いや それはいらんだろう 向こうは日本を求めてくるんだから
日本だけじゃなくて歩成町らしさも出したいな
炭鉱町だから黒と白を基調に外壁を塗り替えてみようかな
それはいいな！観光協会にも話を通して町ごとコーディネーションだ
……
コーディネーション
コーディネーション
…また盛り上がってしまった…
いいことじゃないの
寂れる一方だと思ってたけど案外できることはあるのかも

コーディネーションを意図的につくり出すことはできるんですか？
ファッション業界なんかは実際にやっているわ
世界的な機関が流行色を前もって決めておくの
すると「消費者が去年と同じ色を着る」という事態が避けられるわ
ゲームの構造をうまく利用している例ね

流行色に必然性がないように文化や習慣にも必然性がないことが多いわ
集団の中では互いに協調した方が何かと都合がよいのですぐに文化や習慣が形成されるけどそれは偶然の産物だったり最適とは程遠い悪習だったりすることもあるわね

【コーディネーションの結果としての習慣】

- 皆が同じ行動様式に足並みを揃えた方が良い
  → 結果として同じ行動様式が習慣として定着する
- しかし、その習慣が最適である保証はない（かつて最適だった習慣が時代遅れになることもある）

いったん悪い習慣に安定してしまうといくら孤軍奮闘しても簡単には変えられないわ
一部分へアプローチしてもゲームの構造がそれを許さないのよ
こうした方がいいのに…

だから問題を改善するためには習慣を疑うことも必要なの
組織のなかにどっぷり浸かっているとよくない習慣でもなかなかそれに気づけないわ
他の組織や外国に足を運んで「自分たちの常識が他人の非常識」であることを知る必要があるわ
そのかわりコーディネーションに成功すると後は放っておいても構わないの
囚人のジレンマと違ってルールを変える必要なく習慣として根づくわ
ふーん…

…まぁ うまくいくか どうか わかんないし
期待 しすぎ ないで おこう
その夜——
母ちゃん 何やって んの
んー? パートさんの シフト調整
それ携帯の アプリで 各自直接 入れてもらう ようにいった じゃん
山内さん 10日× 12~16日
まだ使い方が わからない人も いるからねえ
ええ? 使い方なんて 見ればわかると 思ったけど
せっかく無料で いいの見つけた のになぁ
皆で使って もらわないと 意味がない…
…ん? これも コーディネーション・ ゲームだな
コー… なんだって?

えーと　皆で
一斉に
変わらないと
いけないから
とりあえず
全員に使い方を
教える時間
つくればいいのか
ああそうね！
それがいいわ
わかった
じゃあ俺が
やるから
ぎし
コーディネーション・
ゲームねえ
香子の!!!
英会話教室
さて
はりきって
いきますか！
その夜
コーディネーション
銀次郎は
町が香子に
のっとられる
夢にうなされ
たという

コーディネーション・ゲームとは

01

「コーディネーション・ゲーム」と「囚人のジレンマ」の違い

物語に登場した「コーディネーション・ゲーム」も、日常にあふれる典型的な問題の構図です。

世の中には、**皆で足並みを揃えた方がよい（コーディネートした方がいい）状況**がしばしばあります。足並みが揃わないと不都合が起きるケースは多いものです。

一方で、どのように足並みを揃えるかについてはいくつかの選択肢があります。

このような状況をゲームとして捉えたのがコーディネーション・ゲームです。「囚人のジレンマ」との違いを明確にするために、ふたつの事例を考えてみます。

コーディネーション・ゲームの例1　右側通行か、左側通行か？

すれ違う時に前から来る人をよけようとしたら、向こうも同時に方向を変えて、ぶつかってしまったという経験はありませんか?

ふたりの人(AさんとBさんとします)がすれ違うとき、Aさんが左によけ、Bさんも左によければ無事にすれ違うことができます。ともに右側によける場合も同じです。一方、Aさんが右によけるとき、Bさんが左によけたら衝突してしまいます。

この状況を利得表で表現すると、次のページのようになります。

Aさん、Bさんふたりのプレイヤーがいて、**それぞれに「左」か「右」というふたつの選択肢がある**ので、**「2×2=4マス」**の表になります。

ぶつからずに通れるとき、利得が高くなります。

ナッシュ均衡を探しましょう。

相手の戦略を固定して、最適戦略を特定していく(○を入れていく)と**(左,左)**と**(右,右)**のふたつが**「ナッシュ均衡」**だとわかります。

つまり、この場合、「ふたりとも左によける」か「ふたりとも右によける」のどちらかが選ばれるだろうとはいえますが、**実際にどちらが選ばれるかは利得表からだけでは、わかりません**ね。

ここではAとBのふたりのケースを考えましたが、プレイヤーの数が増えても足並みを揃えた方がよいのは同じことです。プレイヤーの数が増えれば増えるほど、「右側通行」あるいは「左側通行」で足並みを揃えないと、衝突が頻繁に起きてしまうでしょう。

　人と人がぶつかったぐらいでは大きな事故にはなりませんが、自動車どうしの場合、人命にかかわる事故となる可能性もあるでしょう。そのため、多くの国では自動車運転の交通ルールを定め、足並みを揃えています。

　なお、自動車は、日本では「左側通行」ですが、アメリカでは「右側通行」です。どちらもナッシュ均衡ですから、このような違いが出るのは不思議なことではないのです。

［ 右側通行か、左側通行か？ ］

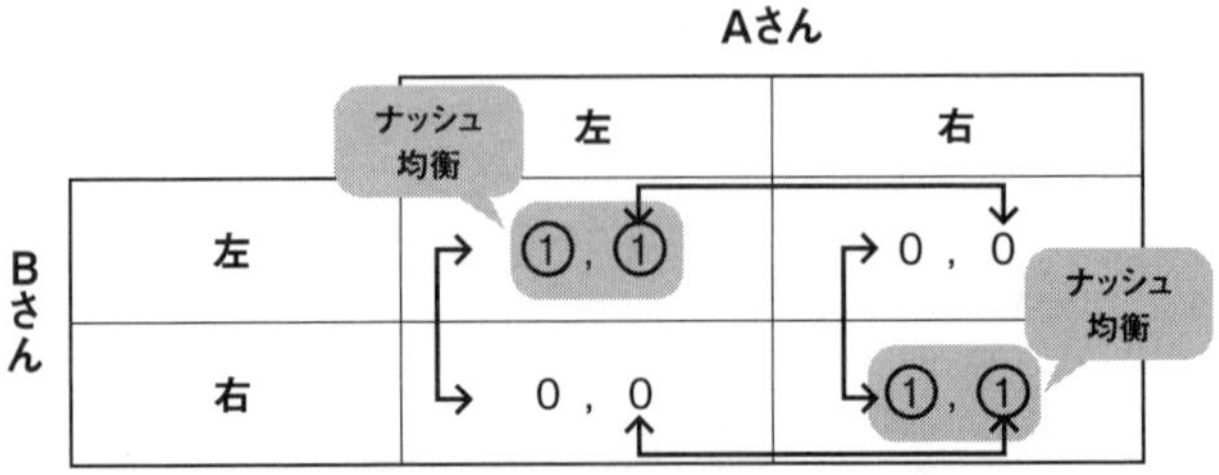

ちなみに、足並みを揃えるのにいつでもルールが必要かというと、決してそういうわけではありません。

たとえば、東京のエスカレーターでは、歩いて登る人のために(安全上、エスカレーターは歩かないよう注意を促されていますが)、歩かない人は左側に寄って立つという光景がよく見られます。

実際のところ、そのように定められたルールはありません。つまり、ルールとして明文化されているわけではないけれど、同じ行動をとった方が何かと都合がよいので、「左側に立つ」ことに足並みが揃ったのです。

なお、エスカレーターに関していうと、同じ日本であっても大阪では「右側に立つ」のが当たり前ですし、ニューヨーク、ロンドン、パリ、モスクワなどの主要都市の多くも「右側に立つ」のが習慣化しています。**複数の均衡のうち、どれが選ばれてもおかしくない**のです。

⇩コーディネーション・ゲームの例2　ソフトの選択

次のようなケースを考えてみましょう。

データのやり取りを頻繁に行うふたりのクリエーター（太郎と花子）がいます。2種類のソフト（CとD）があり、どちらか一方のソフトを選んで作業するとします。ソフトは、DよりもCの方がコストパフォーマンスが高いものの、CとDには互換性がなく、太郎と花子が異なるソフトを使うと一緒に作業をするのが困難になってしまうとしましょう。

この状況で太郎と花子は、どちらのソフトを使うでしょうか？

状況を利得表で表すと図のようになります。

太郎と花子というふたりのプレイヤーがいて、**それぞれにソフトCかDというふたつ選択肢**があるので、**「2×2＝4マス」**の表になります。

「右側通行か左側通行か」の図とよく似ていますが、このケースは、足並みが揃った時の利得に違いがあります。ソフトCは、Dよりもコストパフォーマンスが高いので、**Cを選んだときの利得の方が大きくなっています。**

例1同様、**（C，C）**と**（D，D）のふたつの状態がナッシュ均衡**であることがわかります。

ナッシュ均衡であることだけを基準にすると、この場合もどちらが選ばれるかはわからないという結論になるわけです。

「この状況でふたりが（D，D）を選ぶなんてあり得ない」と思うかもしれませんが、そうとはいい切れません。「どちらか一方が、先にうっかりDを買ってしまった」、「ふたりともCが発売される前からDを使っていた」などの理由から、合理的に考えればお互いにCを使った方が大きなメリットが得られるにもかかわらず、メリットの少ないDを使い続けてしまうという状

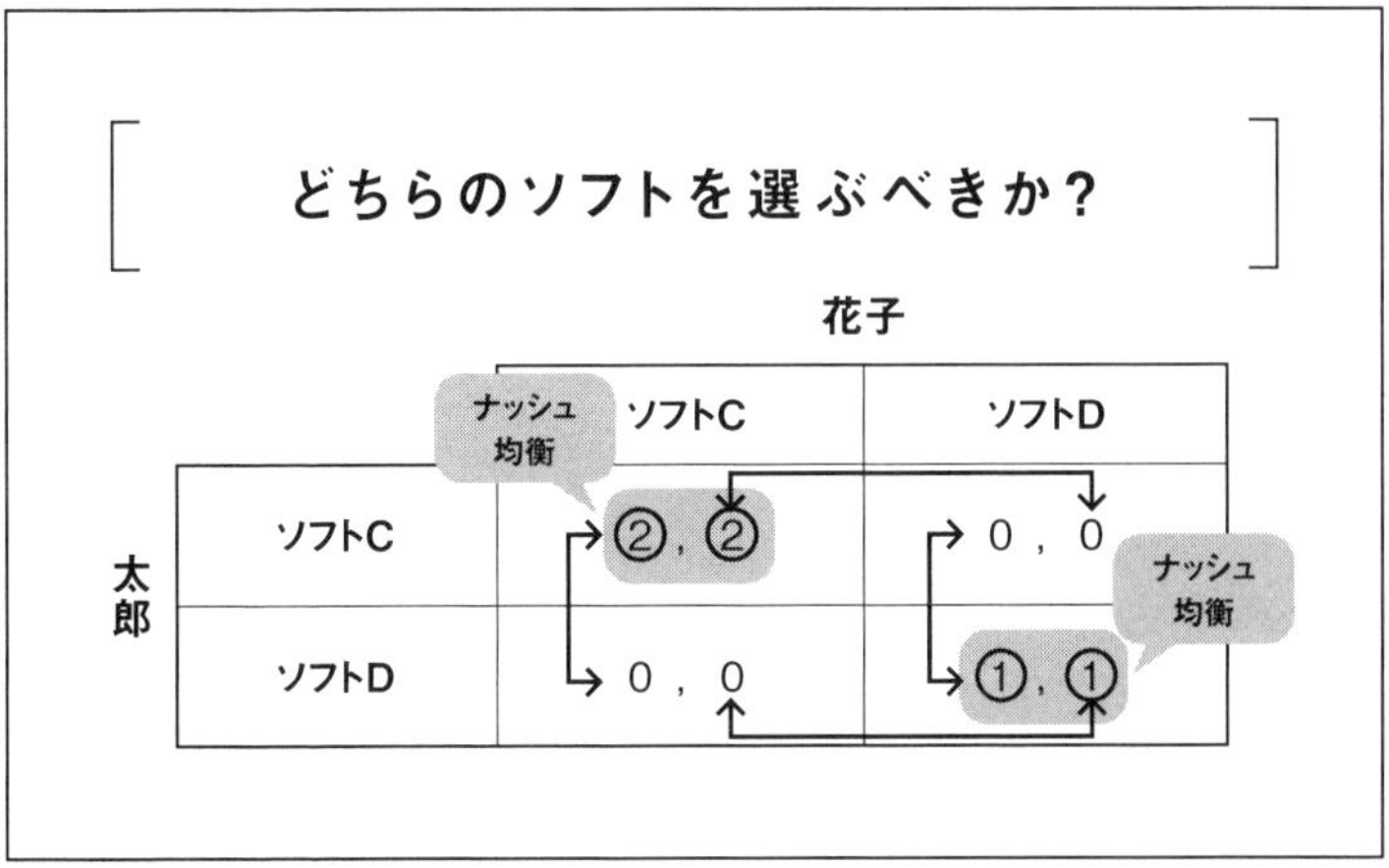
どちらのソフトを選ぶべきか?
花子
ソフトC
ソフトD
太郎
ソフトC
ソフトD
ナッシュ均衡
②，②
0，0
0，0
①，①
ナッシュ均衡

況は起こり得るのです。

こうしたケースは、（**当事者たちが気づいていないことが多い**のですが）ふだんのビジネスの中でもしばしば起こります。

客観的には明らかに合理的でない選択なのに、それがナッシュ均衡という安定した状態であるため、なかなか抜け出せないのです。

いったん悪い習慣に
安定してしまうと
いくら孤軍奮闘しても
簡単には変えられないわ
一部へ
アプローチしても
ゲームの構造が
それを許さないのよ
こうした方が
いいのに…
悪い習慣もいったん安定すると抜け出しにくくなる

コーディネーション・ゲームで起こるふたつの問題

02

⇩典型的な問題1　足並みが揃わない

コーディネーション・ゲームで起こり得る最悪の事態は、**足並みが揃わず、様々な不都合が発生する**ことです。たとえば、次のようなケースは顕著な例でしょう。

道路交通法上、自転車は自動車と同じく左側通行と定められていますが、実際のところルールを守っていない自転車も多いようです。これでは、右側通行の自転車と左側通行の自転車の衝突事故が起きてしまうかもしれません。

また、自動車の場合、国内では左側通行ですが、海外では右側通行だというのは先ほどご紹介しましたね。この違いから慣れない旅行者が事故を起こしやすいというのは、周知の事実です。自動車を製造する企業も、輸出する国によってハンドルの位置を変えなければならないなどの不都合を抱えています。本来は、国際間でも足並みを揃えた方が都合がよいのです。

ほかにも不都合が生じる事例はあります。

国によって電気コンセントの形や電圧が違うことも旅行者にとっては悩みの種です。さらにいえば、通貨の違いや言葉の違いも、できることならないほうが便利でしょう。様々な事情を抜きに考えれば、すべての国が足並みを揃えて共通通貨を使い、共通言語を話した方が、何かと都合がいいのは明らかです。

⇩問題1への対処法　どうすれば足並みを揃えられるか？

では、どうしたらこのような問題が解消できるでしょうか？

そのひとつが、**足並みを揃えるように促す**ことです。

たとえば、駅の階段などに「上り」「下り」の標識があるだけで、それに従って足並みを揃えようとする人が増えるでしょう。

囚人のジレンマと違い、**コーディネーション・ゲームは、罰則などのルールがなくても、呼びかけたり促したりするだけで問題が解決することがある**のです。

一方、強く足並みを揃えるように促さなければならない場合もあります。

たとえば、製品の国際規格などはその典型です。コンセントの形状が国によって異なるように、自動車や家電製品の規格は、放っておくと国ごとにバラバラになってしまいます。これは消費者にとっても、世界中に製品を輸出する企業にとっても望ましいことではありません（規格に合わせて異なる製造ラインをつくらなければならなくなってしまいます）。

そのため、国際的な製品規格の統一を進める取組みがなされています。たとえば、最近では、電気自動車の充電コンセントの国際規格づくりが進められています。

物語の中で香子が紹介したファッション業界の流行色のコーディネートも、よく似た事例といえるでしょう。

⇩典型的な問題2　望まない方向に足並みが揃ってしまった

コーディネーション・ゲームで起こるふたつめ問題は、**望ましくないナッシュ均衡に落ち着いてしまう**ことです。先ほど紹介したソフトの選択で、ふたりとも質の劣るソフトを使う状態に陥ってしまうケースは、まさにこの状態です。

プレイヤーがふたりであれば、よりコストパフォーマンスの高いソフトに同時に乗り換えることは、そう難しいことではないかもしれません。しかし、プレイヤーの数が多くなると、悪い均衡を抜け出すのは簡単なことではありません。

有名な事例に、パソコンのキーボードがあります。パソコンのキーボードは、左上からQWERTY……という順で並んでいますが、この配列を覚えていますか？　もしかしたら、「入力しにくいなぁ」と感じたことがある人も少なくないかもしれません。

とある検証によると、初心者にとって、これよりも入力しやすい配列があることがわかっているそうです。しかし、新しい配列のキーボードを普及させようとする試みは、今のところすべて失敗に終わっています。

私たちがふだん何気なく行っている「習慣」は、皆が足並みを揃えた方が都合がいいために自然と形成されるものです。しかし、**必ずしも良い習慣に落ち着くとは限りませんし、かつては良い習慣だったものが時代の変化とともに悪しき習慣になってしまうこともあります。また、もっと良い習慣があることがわかっているのに、悪しき習慣からなかなか抜けられないということもある**でしょう。

物語の中に出てきた、歩成町の英語対応も同様です。全員で足並みを揃えて取り組めば状態は良くなるものの、一部の人たちだけでやってもうまくいかないというケースは、ふだんの仕事や生活の中でもあるのではないでしょうか。

⇩問題2への対処法　より良い状態に変えるには？

より良い状態があるのに、望ましくない状態に落ち着いてしまっている点で、この問題は「囚人のジレンマ」とよく似ています。しかし、「囚人のジレンマ」との決定的な違いは、より良い状態もナッシュ均衡になっていて、**いったんそこに落ち着いてしまえば、ゲームの構造を変えなくてもより良い状態を維持できてしまう**ことです。

望ましくない状態からより良い状態へと移るために必要なのはたったひとつ――**全員が一斉に行動を変える**ことです。

たとえば、組織の悪しき習慣を変えるときや社内のシステムを新しいものに変えるときなどは、少しずつ変えてもうまくいきません。足並みが乱れると「問題1」のような不都合が生じ、結果的に元の望ましくない状態へ戻ろうとする力が働くからです。**望ましくない状態といえども、ナッシュ均衡になっているので、その状態からの変化には一定のエネルギーが必要**なのです。

多くの人の行動を一斉に変えるためには、一時的にアメとムチを上手に使って行動を変えるように働きかけることも効果的です。たとえば、クールビズやウォームビズを導入する際に、最初の1ヶ月は新しい方針に従った服装で出社するとスタンプがもらえて、スタンプの数に応じてご褒美（景品など）がもらえるような工夫をすれば、多くの人がゲーム感覚で新しい方針に従ってくれるでしょう。多くの人が新しい習慣に慣れてしまえば、いずれご褒美は必要なくなります。

⇩「変えられるもの」「変えられないもの」を区別する

パソコンのキーボードのように、さらに良い選択肢があることがわかっていても変えることが難しいものはたくさんあります。

一般に、**関わる人数が多い問題や、キーボードのように慣れるのに時間がかかる行動は、それを変えるのにはとても大きなエネルギーが必要**です。実際に、パソコンのキーボードや電気コンセントの形状など、いったん普及してしまった製品規格を変えるのは非常に難しいといえるでしょう。

そういう意味では、「コーディネーション・ゲーム」の問題2は、**すべてが解決できるものではない**といえます。

つまり、自分たちで何とかできる問題なのか、そうでないのかの見極めが重要です。自分たちでは変えられない習慣を変えようとしてもその努力は報われません。変えられないものはあきらめ、自分たちが変えられることに意識を集中させるべきではないでしょうか。

Work 3

1．身の回りで、問題1と問題2にあたる例を見つけてみましょう。
2．問題2にあたる例について、自分たちで何とかできる問題かどうかを考えてみましょう。
3．平成12年に発行された二千円紙幣は、現在ではほとんど使われていません。二千円紙幣は、なぜ普及しなかったのでしょうか。普及させるために有効な施策はなかったのでしょうか。国の立場で考えてみましょう。

Win−Winの関係とコーディネーション 03

「コーディネーション・ゲーム」を活用しよう

ビジネスの世界でＷｉｎ‐Ｗｉｎの関係と呼ばれるものがあります。

Ｗｉｎ－Ｗｉｎとは、取引をする双方にとって利益が得られることです。

Ｗｉｎ－Ｗｉｎの関係とコーディネーション・ゲームは、深く関わっています。

つまり、両者は、お互いに関わることではじめて状態は良くなりますが、もし関わらなければ利益は得られません。そのような可能性があるのに、できていないのであれば、先ほどみた問題２の状態に陥っていることになります。

たとえば、お互いに利益が得られるとわかっていても、新たな取引先と新しい関係をつくるのには、やはりエネルギーが必要です。お互いに足並みを揃えて行動を変えなければならないからです。

また、私たちが気づいていないだけで、Ｗｉｎ－Ｗｉｎの関係を構築できる可能性は、実はたくさんあるのかもしれません。

問題２のような状態に陥っているのに、そのことに気づいていないのだとしたら、それは大きな機会損失といえるでしょう。

この問題についてはＰａｒｔ５でもう一度振り返ることにしましょう。

Work 4

身の回りにあなたやあなたの会社にとって利益となるＷｉｎ－Ｗｉｎの関係の可能性はないかを探ってみよう。

Part 3

ダイナミック・ゲーム
――時間的な視野を広げよう

利益ばかり考えて
お客様の満足を
ないがしろにしたら
昔に逆戻りじゃ
ないですか！

ブロロロン
今が良ければ それでいい!?
Story 3
Thank you… ありがとう ございましたァ
フウ…
ハロー☆ 銀次郎くん 調子どう?
あー 香子さん
くるッ
ギャッ! なによ その顔ッ
…いや最近 急に忙しくなって きたんで笑顔が 張りついちゃって
客商売 むいてない んスよ
でも本当に 外国人のお客様 増えましたね… 話題になった せいか 国内の お客様も増え始め てますよ
香子さんのおかげで 英語での接客も ボチボチこなせてる みたいです

そう？それはよかったわ
夏休みに向けて人手が欲しいんですよね
短期バイトでも募集しようかと思って
リゾートバイトとか何とか書けばひっかかる学生がいるでしょ
たのしそー
JOB
リゾートバイト特集!!
社会の厳しさをたっぷりと……
う〜ん学生バイトねえ…
なにか問題でも？法律は守りますよ
短期的にはそれでしのげるかもしれないけど…
本当にそれでいいの？この際しっかり人材育成することも考えたら？
ええっ？まだあまり余裕ないんですよ
とりあえず夏をしのげればいいんだし…
視野が狭くなってるわね
ゲームをダイナミック（動的）に考えた方がいいわ

これまで説明してきたゲームは「プレイヤーが同時に行動する」のが前提だったけど
せーの
黙秘
自首
A
B
多くの問題は時間的な広がりをもつの
一人が行動するとその後で他の人が反応する…行動の原因と結果には時間差があるのよ
行動
B
A
時間
行動
B
A
ボードゲームでいえばチェスやオセロみたいにね
はあ…先手後手がありますね
それと学生バイトと何の関係が…
私がいいたいのは時間的視野を広げることの重要性よ
じゃあゲームをやってみない？

ここに10枚のコインがあるわ
二人が交互にコインをとり合うの
一度にとれるのは1枚か2枚で10枚目をとったら負けよ
…えらく単純なゲームですね
銀次郎くんお先にどうぞ
まぁ先手必勝っていうし
2枚
2枚
1枚…
1枚
1枚
2枚
1枚…あ 10枚目だ！負けた
もう一回！ 1枚
2枚
2枚
2枚
1枚
1枚
1枚…あっ また負けた!? もう一回……!!
何度やっても無駄よ

実は このゲームは 「後手必勝」なの
残り枚数から 逆算できれば必ず 後手が勝てるわ
時間的視野がないと ダイナミックなゲーム では勝てないのよ… こんな単純なルール でもね
逆算…それは 考えてなかっ たなあ
ダイナミックなゲームで 見誤りを防ぐには まさにその「逆算」を するといいの
つまり 将来から遡って 物事を決めるわけ
「バックワード・ インダクション」 といって 戦略に長けた人は そういう思考法が 得意だわ
将来
現在
特に ビジネスにおいては 短期的な利益と 長期的な利益は しばしば対立する ものよ
近視眼的な 行動をとると 後悔することに なりかねない わね

ただ シンプルなコインゲームと違って現実では他人がどう反応するかを正しく読むことが必要よね
そのためには見聞を広げて失敗を恐れずに挑戦することが大切だわ
「先を読む」ですか…
たしかに学生バイトは安くすむけどすぐいなくなるもんなぁ…
すぐ辞める職場なら「できるだけラクして手を抜いてバイト代を貰ったほうが得」と思うかもしれないし
そうなるとサービスの質が…ってことになるか
サービスの質を落とすわけにはいかないし…かといって人件費をかける余裕もないし…
何かうまい落としどころねえかなあ…

ズム
ごめんなさい！
ママがとれるように投げてよー！
ごめんなさいね！銀次郎くん
ごめんなさーい
あー中村さんの奥さん…いや俺もボーッとしてて…
…あれ!? もしかしてユージ君!?
大きくなったなあ！
ふふふ今年から小学校に入ったの
野球クラブよ
へー！懐かしいな俺も野球クラブ入ってましたよ
夢中なのはいいんだけど道具に結構お金かかるのよね～
私も時間ができてきたしそろそろ仕事でも探そうかと思ってて
はっ

…ここが
リネン室
まあ詳しいことは
仕事に入って
もらってから
また説明するわ
はい
がんばります！
中村さん
助かるわ～
こちらこそ近くで
パートが見つかって
良かったです
どうです
地元の
お母さんなら
長い
お付き合いが
できますし
ふ～ん！
いいんじゃ
ない？
なんで
鼻血
出して
るの
けど
パートさんが
がんばるにしろ
サボるにしろ
きちんと評価してあげないと
学生バイトを雇うのと結果は
あまり変わらないと思うわ
最初はモチベーションがあっても
評価されないとわかったら
やっぱりラクな方に流れるでしょ
どうせ評価
されないし
サボろう
サービス
低下

ええ？まだ問題が？
もう個人のがんばりにかけるしかないんじゃ……
あのねえ
日本ではそういう傾向よくあるんだけど
「しっかり職務をこなすのは当然でサボるのはダメ」っていう
倫理的・常識的な見地から物事を解決しようとするでしょう
けれどもっと合理的なアプローチが必要な場面もあるはずよ
たとえば海外では住民や自治体がお金を出して警官の質を向上させようという取組みがあるわ
パトロールに報酬を出したりしてモチベーションの維持につなげるの

倫理観をもちだして個人を責めて終わりでは問題は再発するでしょうね
「個人」ではなく「ゲームの構造」に注目するの
その問題が起こったゲームの構造を検証して原因をとりのぞくことが必要よ
…じゃあ定期的に評価する機会をつくれってことですか
やる気を引き出すひとつの手よね
でも評価システムが機能しないどころか逆効果になることも多いの

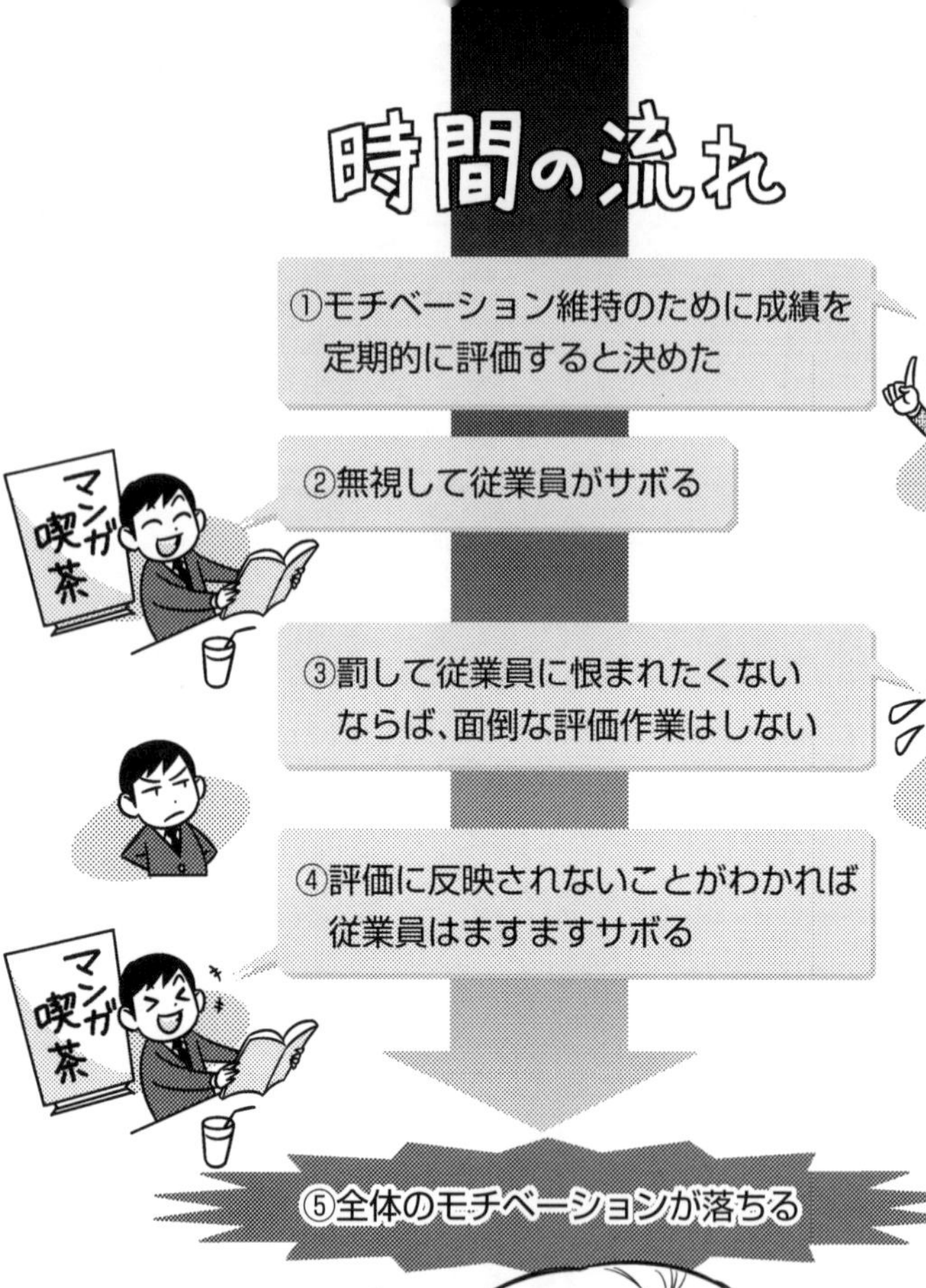
時間の流れ
①モチベーション維持のために成績を定期的に評価すると決めた
②無視して従業員がサボる
マンガ喫茶
③罰して従業員に恨まれたくないならば、面倒な評価作業はしない
④評価に反映されないことがわかれば従業員はますますサボる
マンガ喫茶
⑤全体のモチベーションが落ちる

時間軸でみると③の時点で罰しても過去の行動である②は変えられないでしょ？
「どうせ変えられないなら…」と評価作業を怠る心理を正当化してしまうの
こういうことを続けていけば「上司のいうことはきかなくてもいい」ってなるわよね

うわぁ…あるあるですね
行動に注目してみると
当初は①の「評価する」が最適行動だったのに相手の出方によって③に変化してしまっているでしょ
最適行動
こんなふうに時間の経過とともに最適行動が変わってしまうことを「時間不整合性の問題」というの
流されてしまって目的を達成できないことはよくあるわよね
だから長期的な目的を考えて当初の決定は貫くべきなの
うちの場合は人材育成とサービスの向上が目的だけど…
うーーん…流されない自信がない
……

どうしたらハートを強くもてるんですかね
有効な解決策はコミットメントよ
つまり…
歩成町集会所
コミットメントとは誓約・公約・決意表明のことです…
つまり　私は3ヶ月に一度の従業員評価を行わなかった場合
彼らの研修旅行の積立として給料から5万円！支払いますッ!!
いった…！いってしまった……!!
おおー！不退転の決意だな!!
パチパチ
パチパチパチ
はい…同じことを後日　従業員にも発表しますが
こうして「約束を守らざるを得ない状況をつくり出す」ことは時間不整合性の問題の有効な解決策です…
もうちょっと安くすりゃよかった…

なるほどなァ
うちでも
取り入れるかな
…ところで…
さっき聞いたんだが
山菜やキノコを採ってる
ヤマさんがケガをしてな
「山づくし御膳」が
危ないんだ…
誰か山菜やキノコを
買えるツテはないか？
ヤマさん
なに？
ヤマさんが？
「山づくし御膳」って
地元の山の幸を
ウリにした
肉を使わない
メニューだろ？
ベジタリアンの
お客様に人気
だからなあ…
なんとかしないと
そうだな
付き合いのある
業者に適当なのを
頼んでみようか
ちょ…ちょっと
待ってください
ヤマさんが
採ってくるような
いい山菜やキノコが
すぐ手に入るん
ですか？
まあ　あれほどの
上物ではないが…
急場しのぎとしては
仕方ないだろうよ

もう「山づくし御膳」で予約されているお客様もいるんだよ
しかも外国の方だ…裏切るわけにはいかないだろう
…いえ お断りも視野に入れて考えるべきです
夕張メロンは品質基準を満たさないものをすべて廃棄するんです
それは「品質を満たさないものが市場に出回らないようにする」ためです
夕張メロン
でないと必ず抜けがけをして低品質のものを安く売る者が出ます…それでは「夕張メロン」のブランドがあやふやになってしまいます
そこまでして購入者との信頼関係を守ってるんです

コミットメントは絶対に守られなくてはならないんです
地元のキノコを謳ってるのによそのキノコを提供するなんてそれこそ裏切りじゃないんですか？産地偽装ですよ
おいおい考えすぎだよ
ずっとごまかし続けるわけじゃないいんだから
今回だけだから
利益ばかり考えてお客様の満足をないがしろにしたら
昔に逆戻りじゃないですか！
仕方ないですよ

故障中
時代の流れなんです
どうせ安宿なんだから…お客様だって期待してないですよ
…ようやく変わり始めたのに…俺はお客様の期待にこたえたいです
ギシッ
旦那ちょっといいですか
…なんです？お取り込み中ですかね
板さん…丁度よかった
事情を聞いてくれないか

そんなら私にアイデアがあるんですがね
旅館の板さんの代案を検討したところ
これなら品質基準を満たすだろうとGOサインが出た
ご主人は（不安そうだったけど）お客様に事情を説明し食事の変更を申し出た
幸いにもご快諾いただいて楽しみにしているとのことだった

後日──
桂馬屋
たしか今日だったなああのお客様
気になる？
そりゃまあ…俺のワガママだったような気もして
板さん腕がいいから味はともかく
…揉め事起こしたみたいで
でもあれは土地の食材が一番のウリだから
約束は守ったといえるんじゃない？
ブランドを守るって大変だなあ
ここまでして守るべきものなんですかね
俺いい加減だからな
いったでしょ
目的を果たすためには貫かなきゃいけないことがあるわ
組合で大演説ぶったらしいじゃない

俺はお客様の期待にこたえたいです
あの時とっさにあんなこといったけど
飛車旅館
俺にもまだそんな気持ちが残ってたのか――
地野菜の飾り切り御膳でございます
Beautiful――……!!

時間的な視野の重要性

01

⇩「原因」と「結果」には時間差がある

Ｐａｒｔ１で学んだ「囚人のジレンマ」、Ｐａｒｔ２で学んだ「コーディネーション・ゲーム」では、空間的な視野を広げて、客観的な視点で問題を俯瞰することの重要性を見てきました。視野を広げ、客観的な視点をもつことで、問題の本質的な原因を理解できるようになるのです。ここでは、さらに**時間的な視野を広げる**ことを学びます。

私たちの直面する多くの問題は、時間的な広がりをもっています。

「どうしてあの時がんばらなかったんだろう」と後悔した経験もあるのではないでしょうか。ついつい忘れがちですが、**今の行動が将来の結果を左右する**のです。

⇩あなたの「今の行動」が変わると相手の「未来の行動」も変わる

この関係をもう少し考えてみます。今あなたが行動を変えると、それに反応して他の人も行動を変えて、結果として将来の状況が変わるケースはしばしばあります。「これで問題が解決できるはずだ」と思って取り組んだことが新たな問題を引き起こすこともあるかもしれません。このように、他人の行動に与える影響にまで考えが及ばないと、予想外の反応のために期待した結果が得られなくなることがあるのです。

たとえば、次のようなケースです。

・ライバル企業から顧客を奪うために値下げをしたら、ライバルも対抗して値下げをし、顧客を奪うことはできず、値下げした分利益が減ってしまった
・政府が、低所得者を守るために最低賃金を引き上げたら、企業が賃金の安い海外に生産拠点を移してしまい低所得者の仕事が少なくなってしまった
・メンバー同士の競争によってチームを強化しようとしたら、チームワークが悪くなり、チーム全体の生産性が落ちてしまった

このように、**私たちの行動（原因）とその結果の間には時間差があり、行動がどのような結果を引き起こすのかを長期的な視点で予想しておかないと、望まない結果に陥ってしまうこともある**のです。

「行動」と「結果」には時間差がある

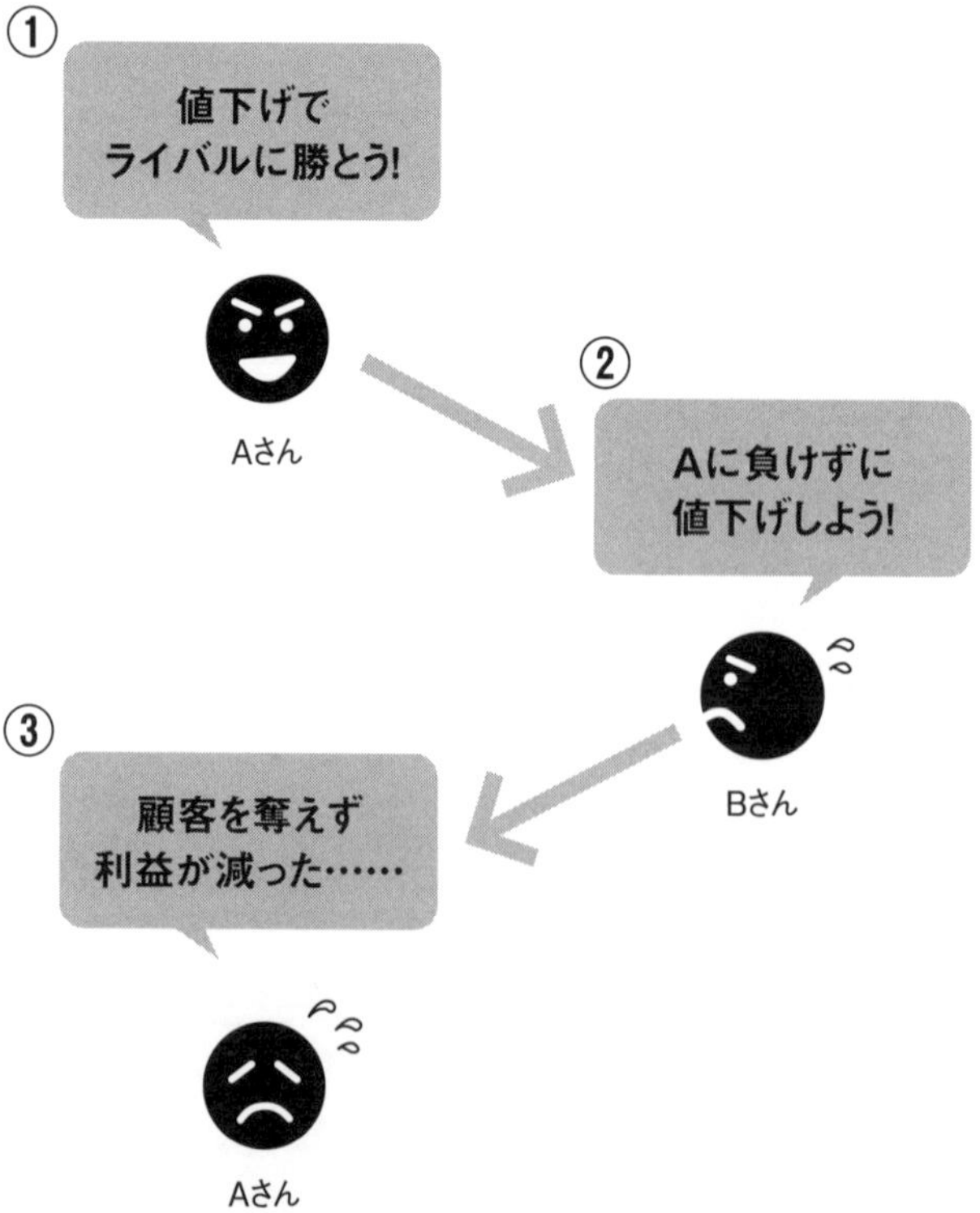
①
値下げで
ライバルに勝とう!
Aさん
②
Aに負けずに
値下げしよう!
Bさん
③
顧客を奪えず
利益が減った……
Aさん

ダイナミック・ゲームとは 02

⇩先を読んで行動することの難しさ

物語の中でも見てきましたが、ゲーム理論では、時間的な広がりも扱います。状況をゲーム（「ダイナミック・ゲーム」と呼びます）として捉え、時間的な広がりがある状況で起こり得る問題の分析を行うのです。

ダイナミック・ゲームの研究はやや複雑で難解なのですが、ダイナミック・ゲームから私たちが学ぶべき教訓はとてもシンプルで、かつとても有益です。それは**「時間的な広がりのあるゲームでは先を読んで行動した方がよい」**ということです。

そんなことはいわれるまでもないと思われるかもしれませんが、実行するとなるとなかなか難しいもので、多くの人はそれができていません。なぜなら、**私たちの時間的な視野はとても狭く、多くの人は先を読んで行動することを苦手としている**からです。

物語の中の銀次郎も、長期的には適切とはいえないような行動をとっているのに、何が問題なのかにさえ気づいていませんでしたね。

⇩ 勝敗が決まったゲームもある

では、どうすれば、時間的な視野を広げることができるのでしょうか？

その第一歩となるのは、**まずは視野の狭さを自覚する**ことです。

物語の中で登場した「コインゲーム」は、人間の時間的視野の狭さを理解するのに最適なゲームです。

ここに10枚のコインがあるわ
二人が交互にコインをとり合うの
一度にとれるのは1枚か2枚で10枚目をとったら負けよ
…えらく単純なゲームですね

銀次郎は、最初から勝敗が決まっていることに気づいていなかった

10枚のコインがあり、ふたりのプレイヤーが交互にコインをとっていき、10枚目のコインをとったら負けというゲームです。自分の番にとることができるのは1枚か2枚なので、それほど複雑なゲームではありません。どんなゲームかを理解するには実際にやってみるのが一番なので、ぜひ誰かとやってみてください。子どもが相手なら30分ぐらいは楽しく遊べるでしょう。

しかし、「このゲームが楽しく遊べる」という事実こそが、人間の時間的視野がいかに狭いかを物語っています。なぜならば、このゲームは、時間的な視野の広い人たちにとって、まったく面白くないゲームだからです。

香子がいうように、このゲームは後手必勝です。最初から勝敗が決まっているゲームは、面白くありませんよね。つまり、ゲームを楽しめるのは、少なくとも一方が後手必勝だと気づいていない場合のみといえるでしょう。

⇩ゲームは終わりから解いていく

このゲームが後手必勝となる理由を確認しておきましょう。

将棋やオセロなどの手番が変わるゲームで重要なのは先を読むこと。つまり、**どうすれば勝てるかをゲームの終わりから逆算して解いていく**ことです。ちなみに、**ゲームの終わりから逆算して相手の行動やゲームの結果を予想する方法は、バックワード・インダクション（後ろ向き帰納法）**と呼ばれます。

このゲームでは10枚目をとったら負けでした。言い換えれば、**9枚目をとった方が勝ち**ということになります。

つまり、勝つためには**「どうすれば9枚目を確実にとれるか」**を考えればいいのです。9枚目を確実にとる方法を考えると、「自分が6枚目をとって、7枚目を相手にとらせればいい」ことがわかります。そうすれば相手が1枚とっても、2枚とっても自分は確実に9枚目をとることができますね。

次の問題は**「どうすれば6枚目を確実にとれるか」**です。実は、これも同じように、「自分が3枚目をとって、相手に4枚目をとらせればいい」のです。

こうしてゲームの終わりから逆算して考えていくと、**勝負を決めるのは「3枚目」**だと気づきます。3枚目をとった方が必ず勝てるというわけです。確実に3枚目をとれるのは、先手ではなく、後手です。先手が1枚とろうが2枚とろうが、後手は必ず3枚目をとることができるからです。あとは「6枚目」「9枚目」を確実にとっていけば、必ず勝てるわけです。

もちろんすべてのゲームが「終わりから解けば勝てる」わけではありません。また、将棋やチェスのように複雑になると、必勝法を見つけるのは困難になるでしょう。

ここで理解してほしいのは、多くの人が先を読むのが苦手だということ、そして一般に、**先を読めた方がより良い選択ができる**ということのふたつです。

私たちは先を読むのが苦手である——このことを自覚し、日常生活を振り返ってみると、改善できる問題があることに気づくかもしれません。

コインゲームの必勝法

⑩枚目　これをとったら負けなので

⑨枚目　これをとれば勝てる!

⑧枚目　相手が⑦だけをとれば⑧⑨
⑦枚目　相手が⑦⑧をとれば⑨

⑥枚目　9枚目をとるにはこれをとる!

⑤枚目　相手が④だけをとれば⑤⑥
④枚目　相手が④⑤をとれば⑥

③枚目　6枚目をとるにはこれをとる!

②枚目　相手が①だけをとれば②③
①枚目　相手が①②をとれば③

思考の流れ＝終わりから考える

時間不整合性の問題

03

「時間不整合性の問題」とは

ビジネスの現場において、部下の意欲を高めたり、望ましい行動を引き出したりするために、アメとムチの賞罰のしくみがしばしば用いられます。しかし、それがうまく機能せずに、逆に意欲を奪ってしまうことも少なくありません。

その原因の多くは、「時間不整合性の問題」にあります。

時間不整合性の問題とは、**時間的な視野によって最適な行動が異なることが原因となり起こる問題**です。

部下の評価がうまくいかない理由

部下の評価という事例をもとに考えてみましょう。

まず、部下は、「マジメに働くか」「仕事をサボるか」を選ぶことができます。そして、部下がサボった場合、上司は「とがめるか、とがめないか」を決めます。

すると、起こり得る状況は図のように3つになります。これら3つの状況について、部下と上司にとっての望ましさを表にすると、図のようになっているとしましょう。

この状況で、上司はどのように行動をするべきでしょうか？

上司にとって大事なことは部下をマジメに働かせることです。

そのためには、上司は部下がサボったら**〝必ず〟**とがめなければなりません。上司がとがめないかもしれないと思ったら、部下はサボってしまうかもしれないからです。

時間的な視野を広くもってゲームの全体像を見れば、部下がサボったら必ずとがめ

部下と上司の利得表

起こり得る状況	部下の利得	上司の利得
「部下がマジメに働く」	△	◎
「部下がサボり、上司がとがめる」	×	×
「部下がサボり、上司がとがめない」	○	△

た方がよいことは明らかです。

しかし、実際のところ、部下がサボってしまったら、どうするでしょうか?

叱ったり、罰を与えるにも手間がかかりますから、「とがめる」という行動を選択すると、上司の利得が下がってしまいます。そのため、ひとたび部下がサボってしまうと、上司は、部下に罰を与えない方が望ましいという結論に陥りかねません。

「時間不整合性」とは、このように時間的な視野を変えると最適な行動が変わってしまうことを指します。**長期的な視野に立てば、良くない行動はとがめるべきなのに、短期的に考えるとそれができなくなってしまうケース**は、皆さんの身の回

時間的な視野で最適な行動は変わる

■長期的には……
サボったら
必ずとがめる
■短期的には……
めんどうだし、
見逃すか

りに多くあるのではないでしょうか。

⇩「売れ残り品」を値下げしてはいけない理由

たとえば、こんなケースがあります。

生鮮食品などは、売れ残りが出ると廃棄するしかないので、お店としては値下げをしてでも売ってしまいたいというのが当然でしょう（短期的視野）。しかし、値下げをすることがわかっていたら、顧客は値下げするまでは買わないという行動をとる可能性もあるでしょう。そこで、**長期的に見たら、あえて値下げをしないというのも賢明な選択**なのです（長期的視野）。

コンビニエンスストアでは、お弁当が売れ残ったとしても、値下げを行わずに廃棄されます。「値下げしてでも売った方がいいのに」と思ったことがあるかもしれませんが、あえてそうしないのは、こうした理由があるからなのです。

⇩時間不整合性の問題への対処法

時間不整合性の問題の有効な対処法はコミットメントです。コミットメントとは、**一時的な誘惑に負けて行動を変えないように自分を追い込んでおく**ことです。

しかし、「必ず罰を与える」「値下げは絶対にしない」と宣言し、自分自身を追い込もうとするケースはよく見かけますが、多くの人は、それだけでは誘惑に負けてしまいます。そこで、物語の中で銀次郎がしたように、**公約し、それができなかったら、自分の給料を減らすなど、自らにペナルティを課すなどの方法も効果的**です。

「自縄自縛」などの言葉があるように、自分の言葉で自分を縛ることは、一見、愚かな行動のように思われるかもしれません。しかし、**一時的な誘惑に負けて望ましくない行動をとってしまうことがわかっている場合は、次善の策として検討する価値がある**のではないでしょうか。

コミットメントとは誓約・公約・決意表明のことです…
つまり 私は3ヶ月に一度の従業員評価を行わなかった場合彼らの研修旅行の積立として給料から5万円！支払いますッ!!

銀次郎がしたように自らにペナルティを課すのも有効

禁煙、ダイエット、貯金にも活かせるコミットメント

時間不整合性の問題は、身近な個人的な問題としてもしばしば起こります。禁煙やダイエット、貯金、運動、試験勉強など、長期的に考えればやった方がいいのは明らかなのに、一時的な誘惑に負けて適切な行動がとれない――こうしたことは、誰しも経験があるでしょう。

こうした個人的な問題にもコミットメントは有効です。

理性の力が強いときに自分で自分の行動を縛っておけば、誘惑に負けることなく、適切に行動することができるようになります。たとえば、忙しいときやイライラしているときは理性の力が弱く誘惑に負けやすいので、休みの日などの心と時間に余裕があるときに「禁煙できなかったら、君に◯◯をプレゼントする」と家族や友人と約束をしておけば、約束を破ると損をすることになります。こういった工夫により、誘惑に負けそうな弱い自分に打ち勝つことができるでしょう。

04

短期的な利益VS長期的な利益

時間的な視野の狭さが引き起こす問題

ビジネスでは、**「短期的な利益」と「長期的な利益」が対立する**ことが、しばしばあります。

たとえば、長期的には大きな利益を生む良い投資も、短期的には利益を減少させるのが普通です。ここで、短期的な利益にばかり気をとられて投資をしないでいると、大きな機会損失を生み出すなど将来とても残念な結果を招くことになるでしょう。

ビジネスの現場でしばしば見られることですが、目先の利益のために主力商品の広告宣伝にばかりお金を使い、新商品開発や研究開発を怠っていると、ライバル企業の競合商品に市場を奪われてしまいかねません。

「損して得とれ」の重要性

設備投資や研究開発投資に限らず、人材育成やブランドイメージへの投資においても、「長期的な利益」の視点が重要です。

物語の中で、銀次郎が学生アルバイトで急場の人材不足を補おうとした場面を思い出してください。香子は、長期的な視点をもつよう銀次郎に注意を促しましたが、同じような問題を抱えている企業は多いのではないでしょうか。

短期の非正規雇用への転換で、一時的に人件費を抑えることは可能です。しかし、人材が育たないために企業の成長が停滞してしまうという問題も起こり得ます。

また、非正規雇用が増え、いつ契約が打ち切られるかわからない職場では、会社の利益には関心を示さず、非協力的で自己中心的な働き方をする人が増えるかもしれません。

会社に貢献する優秀な人材を育てたいのならば、適切な賞罰に加えて、雇用契約のあり方も検討する必要があるのです。

また、物語の中では、銀次郎が地元の食材にこだわっ

特に人材育成は長期的な視点が欠かせない

て、旅館組合のメンバーと口論になった場面もありました。近年、問題視されている産地や食材の偽装も、これとよく似た構造といえるでしょう。

消費者を欺く行為は、短期的には利益をもたらすかもしれません。しかし、長期的にはブランドイメージを傷つけ、大きな損失を生むことがあります。**ブランドイメージや顧客との信頼関係を築くためには、長い時間、そして大きな労力が必要ですが、壊すのは一瞬です。**大きな企業が不祥事を起こし、一転、経営危機に陥るというケースは、今では珍しいことではありません。

目先のことだけを考えて行動すると、取り返しのつかないことになりかねない

利益ばかり考えて
お客様の満足を
ないがしろにしたら
昔に逆戻りじゃ
ないですか！
ブランド、信頼は一度失うと取り戻すのに多大な時間、コストを要する

ということは、肝に銘じるべきでしょう。

⇩認知的な視野の狭さが引き起こす問題への対処法

「短期的な利益VS長期的な利益」という問題は、一時的な誘惑に負けて起こる「時間不整合性の問題」だけが原因ではありません。ほかにも、認知的な問題として**時間的な視野が狭く、長期的な利益を忘れている（またはそれに気づいていない）**ために起こることもあります。

こうした問題を引き起こさないためには、**時間的な視野を広げる、**または**視野を広げざるを得ないしくみをつくる**ことが何より重要です。

特に、ビジネスの場面では、忙しくて余裕がなくなると、つい目先のことを優先して、長期的な視点で物事を考えることができなくなってしまいます。私たちは、**見えるものにばかりとらわれて、人材やブランドなどといった「見えないものの重要性」を忘れてしまいがち**なのです。

そういった状況から抜け出すためには、定期的に時間をつくって、**自分の行動を長期的な視点から見直すことが欠かせない**でしょう。

会社などの組織においても、目先の業務に関する通常の会議のほかに、長期的な計画について話し合う会議を定期的に設ける、長期的な計画目標を全員が目に見えるようにする（例：目立つ場所に貼り出す）、長期的な目標がどの程度達成できているかを定期的に確認する、などのしくみを導入することで短期的な利益に流されない組織運営ができるようになるでしょう。

大事なことだとわかっていても、忙しくなると長期的な計画会議や目標達成の確認作業はおろそかにされがちです。そのような恐れがある場合は、会社全体の年間スケジュールにあらかじめ入れておくなどのコミットメントが有効です。

Work 5

「ワーク・ライフ・バランス」を実現する妨げともいわれ問題視されているサービス残業は、なぜ起こるのでしょうか。その理由とともに、減らす（なくす）しくみを考えてみましょう。

囚人のジレンマと時間的な視野

05

⇩短期的な関係と長期的な関係では「ナッシュ均衡」が異なる

「短期的な利益VS長期的な利益」に関連していうと、近ごろの日本社会を見ていると、協力関係や信頼関係の重要性が忘れられてしまっているのではないかと危機感を覚えることがあります。

Part1で紹介したように、私たちの社会には囚人のジレンマ構造の問題が数多く存在しています。

復習になりますが、**「囚人のジレンマ」では、1回きりであればお互いに協力しないのが唯一のナッシュ均衡**になります。しかし、同じゲームが何度もくり返される場合、お互いに協力し合う状態もナッシュ均衡になり得えます。つまり、協力関係を維持することは可能なのです。

「囚人のジレンマ」なのに、協力し合う状態が均衡になるということに違和感を覚えるかもしれませんが、**長期的な関係においては、「お前が裏切ったらこちらも裏切るよ」という仕返しが可能になる**のです。

つまり、**仕返しをされるかもしれないという緊張感のある状況をつくり出すことができれば、協力関係を維持することが可能になる**のです。

⇩協力し合うほど豊かになる

この協力関係には大きな価値があります。繁栄した社会や幸福な社会は、人々の信頼や協力の上に成り立っています。裏切りや奪い合いでは、社会全体が豊かになることはありませんし、安全や安心を得ることもできません。

このことは様々な学術研究によって明らかにされています。たとえば、アメリカの政治学者のロバート・D・パットナムは『孤独なボウリング』（柴内康文翻訳、柏書房）という著書の中で、**人間関係の良好な地域ほど、治安、教育、経済状態、健康などあらゆる面で好ましい状態になっている**ことを、米国の地域比較によって明らかにしていますし、同様の傾向は世界中で報告されているのです。

ビジネスでも、**会社内の人間関係が悪化すると、遅刻・欠勤や怠慢、社内犯罪などが問題化するリスクが高まり、生産性が低下する**ことが知られています。

多くの人は、協力的な人間関係の重要性を経験的に（あるいは本能的に）知ってい

長期的な協力関係がもたらすもの

長期的な協力関係・信頼関係

↓

治安、教育、経済状態、健康など
あらゆる面で好ましい状態になる

人間関係が悪化した職場

↓

遅刻・欠勤や怠慢、社内犯罪などが
問題化するリスクが高まり、生産性が低下するて、初対面の人たちに対しても協力的な関係を築く努力をします。にこやかに挨拶をしたり、丁寧な言葉で話したり、相手の様子を気遣って声をかけたりします。しかし、人の心の中は見えないので、すぐに信頼関係ができるわけではありません。少しずつ時間をかけて協力関係は形成されていくのです。

長期的な視点に立てば、こうした努力は報われる場合が多いのですが、時間的な視野が狭くなって目先の利益にとらわれてしまうと、裏切りや自己中心的な行動をとった方が良いように思えてしまいます。まさに「魔がさして」とか「出来心で」非協力的な態度や行動をとってしまうのです。

信頼関係や協力関係を構築するのは難しいことですが、壊すのは簡単です。そして、再び良好な関係を築くことは難しく、**協力関係が築けないと、ジレンマから抜け出すことが難しくなってしまう**のです。

時間的な視野を広げて、見えないものの価値を見ようと努力し続けることの重要性は、こうした状況からも説明がつくのです。

Work 6

①乗客が少ないガラガラの飛行機を飛ばすぐらいなら、運賃を安くして、満席で飛んだ方がいいのではないか？」この意見の問題点をあげてみましょう。

②銀次郎は「週末に空室があると困るから、金曜日になったら宿泊費を値下げしよう」と考えました。このアイデアの問題点をあげてみましょう。

③１９９０年代ごろから労働意欲を引き出すしくみとして日本企業の多くが導入した成果主義はうまく機能しなかったと考えられています。成果主義制度がうまくいかなかった理由を考えてみましょう。理由が思い浮かばない場合はインターネット等を使って、成果主義の評価について調べてみましょう。

Part 4

行動経済学的ゲーム理論

――人の「行動」を知る

Story 4
勝ち負けが
すべてじゃない
あー忙しい！今までヒマばっかしてたからな～
ちょっとお客が入ると　すげえ忙しい気分だわ
…そろそろ備品も一新してえなあ
でもカネないしなあ
よっしゃせめて磨くか！
あー忙しい忙しい
PLLL
あん!?
誰！忙しいんだけどッ
ピッ
俺だよ俺！ケンジ
おまえが辞めてからはじめて電話するなぁ
元気か？

…あ　ケンジ!? おー久しぶり！
どしたん？ 仕事中じゃねえの？
仕事仕事！ というか久々なのに仕事絡みなんだけどさ
すげえな！ 歩成町温泉っておまえんとこやろ？
うん？ なにが？
何の話？
海外ニュースサイトで話題やぜ
取り上げられてんだよ温泉が！
は!?
ばたばた
ばたばた
まーたネットかよ！
待ってろ今メールでアドレス送ったから
なによ銀次郎くん騒がしい

また勝手に入ってきて☆
アーティストが書いたコラムなんだけどさ
articles/funarions
飛車旅館
げっ
ほんとだ!!
ご主人と板さん…
わーすっごい!
出された料理が美味しかったとか
町ぐるみで温泉街を再建しようとしてるとか
がんばってんなあ
ほら そろそろうちでも夏休みの旅行特集組むだろ?
おまえんとこも取材しようと思って
行ったらサービスしてくれや
なーんて
ぱっ

オホホホ
お待ちして
ますわっ
できるだけ
大勢で
いらして☆
誰ッ!?
彼女!?
ちげーよ
妖怪だ妖怪!
ピッ
じゃあな!
また電話
すっから
終了
……
妖怪とは
なによ
でもすごいじゃない!
私この人の個展
行ったことあるわ!
有名なんですか?
新進気鋭の
注目株よ
食材の件
気にしてたけど
よかったじゃないの
災い転じて福となす
ってやつだわ
はあ…
まあ

板さんが がんばってくれた だけだし
急に無茶 いったようで 迷惑かけたんじゃ ないかな
そんなことない と思うわ
あの板さん ずっとアイデア あたためてるって いってたわよ 英会話教室でも
ほんと ですか⁉
ーー ＝
…でも そんなことしても 給料変わるわけじゃ ないのにどうして…
香子さん 以前いってた じゃないですか
「評価されないなら サボった方が得」って
最適行動 でしたっけ？
ゲーム理論的に 考えたら 変じゃない ですか？
損
得

そうねぇ
人はしばしば 一見 理屈に合わないような行動をとるのよ
理性
感情
ゲーム構造の違い
etc.
理性じゃなくて感情で動く場合もあるし人によって見ているゲーム構造が違うって場合もあるわ
ああ…最初に話してましたね サッカーのプレイヤー目線…
だけどそれだけじゃなくて各プレイヤーにもそれぞれの目線があるわけですね
そう 他人から見たら腑に落ちなくても人が動くとき必ずその人なりの理由があるの
これがわからないとゲームの構造を見誤ってしまうこともあるわ

なァにあっと言わせたかったんだよ
それだけですか？動機は？
近頃お客様もバリエーション豊かだろ？チャレンジ精神がわいてくるってもんさ
まあこんなに話題になるとは思ってなかったけどなぁ！
板さんにとっては必ずしも給料が〝利益〟ってわけじゃないのか…
そういやうちの娘達が相談したいっていうから来たんだが
あのう…私達も翻訳のお手伝いとか
お客様のご案内をしてみたいんです

アルバイトかぁ余裕あるかな
いっ…いいえ！お金はいただかなくてもいいんです
ただ…
私達　学校の英語部で英会話の実習をしてみたくて
香子さんの教室にも通ってるんですけど
外国の人と話してみたくて
ね
うん
ウッ香子さんの…
やべーなあの人やっぱり町をのっとる気じゃ…
ダメですか？
いっいや！そんなことないよ！
人手が増えるのはありがたいから

じゃあ まずお試しで やってみる？
あの子たち がんばり屋さん なのよ～
思ったより できますすよね 助かります
今まで 通訳さんに お願いしてたん ですけど
彼らに歩成町の 歴史教えるのも 一苦労なんです よね
その点 地元の子なら もうわかって ますし…

…なるほどね 高度経済成長の 裏には そういう歴史が あるんだね
いかにも ニッポンらしい 寺院もいいけど こうした所こそ リアルで 興味深いよ
はい！ 私は炭鉱の彼らを とても誇りに 思っていますし
彼らのことを 伝えられて 嬉しいです
…ね？ 人は必ずしも お金のことだけ 考えてズル賢く 行動するわけ じゃないのよ
…そういう ものなんです かねぇ…
これを踏まえて ちょっとした裏技を 教えましょうか
土壁塗り 体験会
参加無料

うわっ！けっこう集まりましたね
俺 そろそろやんなきゃと思ってたんで
おかげで壁塗りがはかどって助かりましたけど…
これ 単なるボランティアですよね？
まぁ 人集めの一つの手段ね
後でおみやげでもつけるか…
「ボランティア」より「体験」と銘打つほうが自分のために参加しているという気持ちを強くさせるの
時には お金を払ってでも参加したいと思わせるのよ
体験
自分のためにやるもの というイメージ
ボランティア
他人に奉仕するもの というイメージ

インターンも同じね やることはアルバイトと 一緒なんだけど 「職業体験になる」って いわれればやってみようかな って思わない？
体験
たしかに ……
知らない職業の 裏側って おもしろそうだし
気をつけてほしいのは ゲーム理論にしても 何にしても 知識が逆に目を曇らせる場合も あるってこと
知識
「そんなことわかってる」という 思い上がりが生まれて 解決の道をふさいでいるかもしれない…
だから謙虚な姿勢で対話し 相手の立場や感情を 理解することが大切よ
…なるほど…

「人がなぜ合理的ではない行動をとるのか？」を考えるのはとても楽しいことよ
損得や勝ち負けがすべてではないの
人と協力して何かを成しとげたい
他人に喜んでもらいたい
社会のなかで必要とされたい…などその裏には人間らしい気持ちがたくさんあるの
そうした相手の感情に気を配るのもゲームを考えるうえで重要ね
…あお客様アンケート

中村さん褒められてますよ「爽やかな接客をしていただいた」だそうです
まあ本当ですか！やる気が出るわ！
フンこれからも町一番の旅館として皆を引っ張っていかないとな！
人ががんばってる姿を取材して記事にするのはやりがいがあるよ
板前で勉強会をやろうと思うんだ
せっかく思いついたアイデアを共有したいからな

ここのお湯は優しくていいですね
うちの子肌が弱いから個性の強い温泉は痛がったりして…
まあ　そうなんですか？
…ふーん　そういうこともあるのかメモメモ…
……
俺も随分やる気が出たなあ
こんなの持ち歩いて
人が動くときは必ずその人なりの理由がある…か
じゃあ俺はどうしてがんばってるんだ？
ギィ
そりゃお客様に褒められればそこそこ嬉しいけどそこまで旅館に思い入れがあるわけじゃないし
儲かれば嬉しいけどそれも一番じゃない気がする

そもそもなんで
会社辞めてまで
戻ってきたんだ?
一応おふくろが
いるんだし
任せてもよかった
じゃないか
自分のことだって
わからないんだから
人のことなんて
聞かなきゃ
わかんないよな
そういや
香子さん…
あの人のことも
そうだ
なぜここまで
力を貸して
くれるんだ?
よく考えたら
俺
あの人の素性
何も知らないぞ
あーーあ…
わかんねえこと
だらけだな…
ザッ

ゲーム理論的アプローチの限界

01

俯瞰だけではわからないことがある

Ｐａｒｔ３までに見てきたように、空間的、時間的に視野を広げて問題の構造を俯瞰すると、これまで理解できなかった問題の本当の原因が見えてきます。これがゲーム理論的アプローチの強みです。

しかし、ゲーム理論を使って様々な問題の解決に取り組もうとすると、**状況を俯瞰するだけでは理解できないような不可解な現象**に出くわすこともあります。

たとえば、Ｐａｒｔ３で紹介した「コインゲーム」は後手必勝だと紹介しましたが、それは相手（後手になる人）が「先読みできる人」である場合です。後手になる人が先読みできなければ、先手の人にも勝つチャンスがあります。相手が先読みできるかどうかは、ゲームの構造・状況を俯瞰してもわかりませんね。

ゲーム理論をさらに効果的に使うためには、状況を俯瞰するマクロの視点に加えて、**プレイヤー、つまりその状況に関わる人の行動を理解しようとするミクロの**

視点をもつことが重要です。

プレイヤーがどのように行動するのかを理解していなければ、どれだけ問題を俯瞰したところで、起こっている状況を正しく理解し、問題を解決することはできないからです。

⇩人の行動は一様ではない

私たちは、みんな同じように行動をするわけではありません。立場や前提が変わると、行動も大きく変わります。

たとえば、次のようなケースを考えてみましょう。

「囚人のジレンマ」の状況では、「拘留期間が短い方が望ましい」と仮定しました

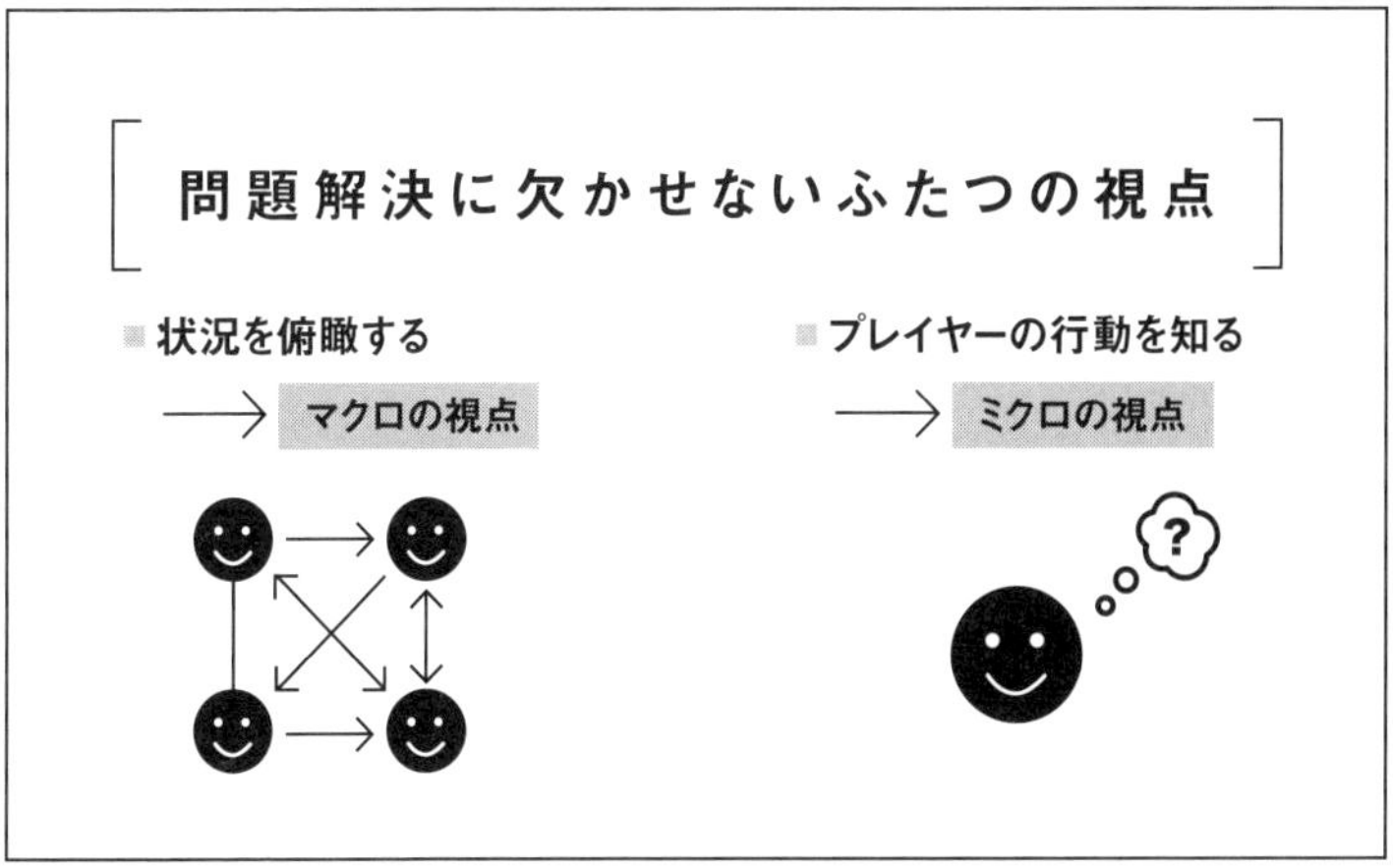
問題解決に欠かせないふたつの視点
状況を俯瞰する
→マクロの視点
プレイヤーの行動を知る
→ミクロの視点
?

が、そうではない囚人もいるかもしれません。

オー・ヘンリーのある小説に登場する主人公は、とても寒いニューヨークのクリスマスを温かい刑務所で過ごすために、犯罪を試みます。

もし、**「拘留期間が長い方が望ましい」**と考えていたら、A、Bふたりの囚人はどのように行動するでしょうか？

この場合もジレンマは起こるでしょうか？


利得表を書いて考えてみましょう。

拘留期間が長い方が望ましいので、望ましさの順序が単純に逆になります。

それぞれの最適戦略を○で囲っていくと、**「ともに黙秘」がナッシュ均衡になること**がわかります。自分のことだけを考えれば黙秘した方が良いのだから、これは予想通りかもしれませんね。

面白いのは、この場合もやはりジレンマが生じていることです。

ナッシュ均衡の「ともに黙秘」よりも、「ともに自白」の方が拘留期間は長く、ふたりにとってより望ましい状態になっています。

ここでも、個人の利益と全体の利益が対立するために、ジレンマが生じているのです。

いかがでしょうか？

行動の前提が変わると、問題の本質も全く異なるものになることがおわかりいただけたでしょうか。

皆さんが見ている世界も、人の行動に関する見方を変えると、まるで違ったものになるかもしれません。

行動の前提が変わるとどうなる？

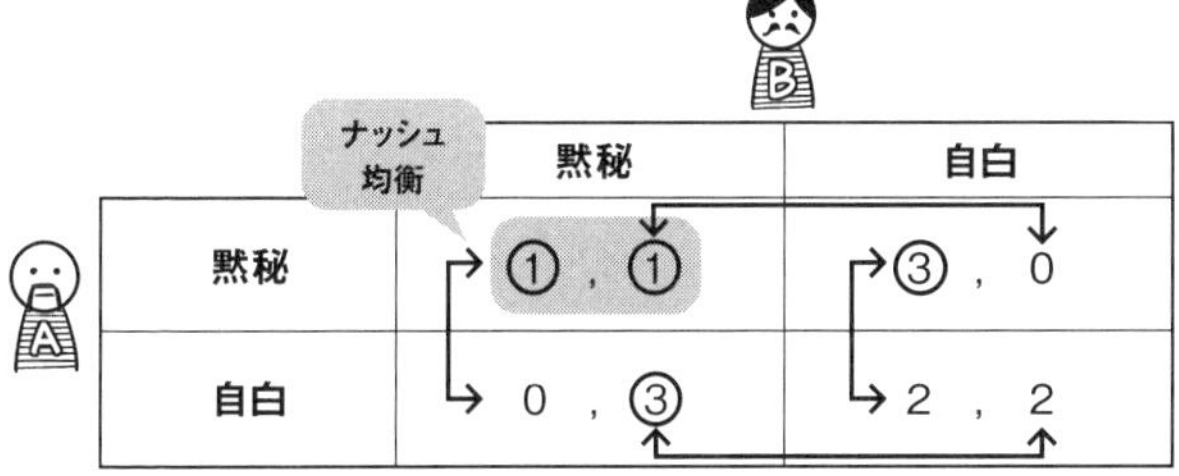

	黙秘	自白
黙秘	①，①	③，0
自白	0，③	2，2

行動経済学の視点 02

⇩人の行動についての「無知」の知

「自分のことならよくわかっている」

「人がどのように行動するかなんて、いわれなくてもだいたいわかる」

多くの人はそう考えます。実際のところ、私もそのように考えていました。

しかし、行動経済学の研究は、私たちのこうした認識が思い上がりであることを教えてくれています。

行動経済学とは**心理や感情にも左右されるリアルな人間行動のメカニズムを探求して、そこから経済現象や経済問題を理解しようとする新しい経済学**です。**伝統的な経済学では、人は私的な利益を最大化するために合理的に行動すると仮定する**ことが普通でした。しかし、それでは説明できない現象が多く見つかり、「そもそも人はどのように行動するのか」という根源的な問いから経済現象を捉え直そうとする研究が生まれました。それが行動経済学です。

⇩行動経済学が解明する人間の行動

行動経済学の研究によれば、私たちは、自分がどのように行動するのかさえよくわかっていません。

たとえば、私たちの多くは知らず知らずのうちに、次のような行動をしています。

・選択肢が増えすぎるとかえって選択できなくなる
・3つの選択肢があるとつい真ん中の選択肢を選んでしまう
・他人の行動に影響を受ける
・自分に都合の良い情報だけを選択してしまう
・視野が狭くなって先読みができなくなる
・非常に小さい確率を過大評価してしまう
・自信過剰になってしまう
・損をするとそれをとり返そうとしてリスクを平気でとるようになる

こうした傾向は実験によって確かめられていますが、多くの人々はそのことに気づいてすらいないのです。**自分の行動のことさえわからないのですから、立場の異なる他人の行動がわからないのは当たり前**なのです。

⇩

「敵を知り、己を知らば、百戦危うからず」

ゲーム理論は現代の「戦略論」と呼ばれます。

戦略論といえば、古典である孫子の有名な教え、次の一節をご存知の方も多いでしょう。

「敵を知り、己を知らば、百戦危うからず」

これは、**戦略を考える際は、状況を俯瞰することに加えて、他者と自分を理解することが重要だ**と述べている言葉です。

現代の戦略論であるゲーム理論にも、この視点は欠かせません。

人間行動の理解に基づくゲーム理論は**「行動経済学的ゲーム理論（あるいは行動ゲーム理論）」**として近年、盛んに研究が行われています。

Ｐａｒｔ４では、その一部をご紹介しましょう。

人は「感情」と「理性」で動く

03

なぜ自分のことさえもわからないのか

「自分のことならよくわかっている」

そう思っている人の多くは、自分の行動はすべて自分で考えて決めていると考えています。しかし、本当にそうでしょうか？

実際のところ、私たちは、ふだんほとんどの行動をあまり考えずに無意識のうちに決めてしまっています。どの服を着て、どの電車に乗って、何を食べて、何を買って、どのように仕事をするか。考えて決めることもあるでしょうが、多くのケースでは「いつもと同じ」で済ませたり、あまり考えないで決めたりしています。そして、**理屈では説明できないような感情に大きく影響されながら行動しているもの**です。

映画「バック・トゥ・ザ・フューチャー」の主人公は、"Chiken"といわれると感情が抑えられなくなり、無謀な行動をとってしまいますが、似たような経験をしたことがある人もいるかもしれません。

衝動買いや一目惚れなども理屈では説明できない行動ですよね。

⇩システムⅠとシステムⅡ――ふたつの行動のメカニズム

私たちは、ふだん様々なことを頭で考えて行動していますが、生まれたばかりの赤ん坊やほかの動物たちはそうではありません。生得的な行動プログラムに従って、教えられなくても外界の刺激に反応して行動をします。

外界の刺激は、「食べたい」「触りたい」「見たい」などの感情（衝動）を生じさせ、その感情が「食べる」「触る」「見る」といった行動を導いていると考えられています。

これらの感情は、刺激から無意識のうちに湧き起こるものなので、こうした行動は理性的というよりは、感情的なものです。

私たち人間は、「○時の電車に乗ろう」「○○さんにメールを書こう」などと理性的に行動をすることもできますが、日常的に行っている行動のほとんどは無意識的に行われています。

行動経済学では、**無意識的な行動メカニズムをシステムⅠ、意識的な行動メカニズムをシステムⅡ**と呼んでいますが、それぞれ異なる特徴をもっています。それぞれに長所と短所があり、**人間はこのふたつを使い分けて行動している**のです。

たとえば、私たちの認識している行動は主にシステムⅡで、大脳新皮質の前頭前野という脳部位を使って行っていることが知られていますが、システムⅡでの作業は疲れるので、私たちは無意識のうちにその作業をサボって（これを**認知的節約**といいます）システムⅠで物事を処理してしまいます。

ふたつのシステムの使い分けに個人差はありますが、システムⅠに全く頼らずに行動をしている人は存在しません。

また、大脳新皮質の前頭前野は老化とともに機能が低下することが知られており、これに伴って無意識的な活動の割合が増加するものと考えられます。

たとえば、仕事や勉強に集中したいのに、近くの人たちの会話が邪魔で集中できないという経験をしたことがある人は少なくないでしょう。聞きたくなければ無視すればいいのに、私たちの耳は聞こえてくる音を勝手に聞き取り、思考を妨げてしまいます。このように、「聞こえてくる音を勝手に聞き取ること」は、動物がもつ行動メカニズム「システムⅠ」です。一方、「仕事・勉強に集中したい」というのは、理性的な行動メカニズム「システムⅡ」です。これらが競合してしまうために、イライラとした感情を覚えるのです。

当然のことながら、私たちは、無意識のうちに行われる行動にほとんど気づきません。他人から指摘をされて、はじめてわかるということがほとんどなのです。

ふたつの行動メカニズム

無意識的な行動メカニズム システムⅠ	本能的行動や習慣的行動
	ほとんど意識されない行動
	スピードが速い
	マルチタスクに対応
	自動的で融通が利かない
	あまり疲れない
意識的な行動メカニズム システムⅡ	理性的行動や思慮的行動
	意識された行動
	スピードが遅い
	シングルタスク
	臨機応変に行動を変えられる
	疲労感や負担感がある

"人間らしい行動"のしくみ

04

行動メカニズムの基本構造

人の行動メカニズムには、感情と理性のふたつのシステムがある——こう説明されると、とても複雑に感じるかもしれませんし、確かに他の動物と比べると複雑なものです。

しかし、基本的なしくみは、他の動物とそれほど変わらないと考えて良いでしょう。

他の動物と同じように、**生きていくために食欲を満たし、生命の安全を求め、子孫を残すために異性に興味をもつなどの欲求によって、私たちの行動の大部分は説明できる**でしょう。

"人間らしい行動"の裏にある5段階の欲求

しかし、それだけでは説明がつかない部分もあります。私たち人間には、もっと**人間らしい欲求**もあるのです。心理学者のマズローによると、私たちには図のような5段階の欲求があると考えられています。

それにもかかわらず、私たちは「人はお金のために働く（生理的欲求や安全の欲求を満たすこと）」と考えてしまいがちです。

物語を思い出してください。

飛車旅館の板さんの行動を引き出したのは、生活のための収入ではなく、「自分の料理のすごさを他人から認められたい」という承認の欲求でした。また、女子高生たちが「英語での観光案内をやりたい」と思ったのは、成長したいという自己実現の欲求からです。

人を動かすのがお金だけだと考えたら、とり得る戦略の選択の余地はとても狭くなってしまい、問題解決は困難になるでしょう。

しかし、人がお金以外の目的のために動

マズローの5段階の欲求
自己実現の欲求
(self actualization)
承認の欲求
(esteem)
社会的欲求
(social need)
安全の欲求
(safety need)
生理的欲求
(physiological need)

いてくれることがわかれば、不可能と思われていたことも可能になるかもしれません。

人はいつでも「お金のため」に動くわけではない

千葉県の房総半島を横断するいすみ鉄道は、２０１０年３月、訓練費用７００万円を自己負担することを条件にして、列車の運転士を募集しました。ＮＨＫのドラマにもなったのでご存知の人も多いかもしれませんね。

「人が最大の利益を得る＝お金のために働く」と考えれば、「こんな条件で運転士になる人なんているはずがない」と考えるのが当然でしょう。実際、鉄道会社の関係者からも、そのような意見が多く

アルバイトかぁ 余裕あるかな
いっ…いえ! お金はいただかなくてもいいんです
ただ…
私達 学校の英語部で英会話の実習をしてみたくて

人を動かすのは「お金のため」だけではない

あがったそうです。

ところが、実際に募集をかけてみると、多数の応募があり、その中から採用された4人は、訓練生を経て2012年12月、全員が鉄道運転士となりました。

運転士としての収入は得られますが、お金だけで彼らの行動を説明することはできません。「鉄道の運転士になりたい」という夢（自己実現の欲求）が、彼らの行動の大きな原動力になっていたにちがいありません。

⇩人は「総合的な判断」が苦手

マズローが指摘するように私たちには多様な欲求があります。

たとえば会社の中で働くという行動には、5つの欲求すべてが関係する可能性があります。「お金のため」ということだけではなく、他人から認められたいとか、もっと成長したいという欲求も関係します。

そのように考えると、仕事を選ぶときには、働くことを通して得られるものを総合的に判断して決めるべきなのですが、**私たちはそのような総合的な判断が苦手**です。

たとえば、給料は安いけれど、色々なことが学べる仕事と、給料は高いけど退屈な仕事のどちらがいいかといわれると、なかなか判断が難しいわけです。仕事を通して得られる「給料」「学び」を得点化し、総合的に決められればいいのですが、実際のところ、そのような判断をしている人はほとんどいないでしょう。このような**複雑な思考はシステムⅡの認知能力を酷使しますので、私たちは無意識のうちにそれを避けようとしてしまう**からです（認知的節約）。

ではどうやって判断をしているのでしょうか。それは、**複数ある要素の中の一部に意識を集中させて、評価、判断している**のです。また、**複数ある要素のどれに意識を集中するかは、情報の操作などで簡単に変えられてしまう**ことが知られています。

物語の中でも紹介したように、実施内容は同じでも、「土壁塗りボランティア募集」と書くのと「土壁塗り体験会（参加費無料）」と書くのでは、評価するときに注目するポイントが変わります。

土壁塗りを手伝うことには、参加者にとってふたつの意味があります。ひとつは「ボランティア＝人助け」の要素、もうひとつは「体験・学び」の要素です。

募集する立場としては、〝ボランティア〟の要素を強調して「お願いします」「手伝ってください」という気持ちを正直に伝えるのが誠実であるように思えるかもしれませんが、参加する立場としては、必ずしも魅力的ではありません。

むしろ、**そこで行われる内容に、「学び」や「成長の要素」があることを意識させる「体験」という言葉を使うことで、参加意欲を引き出すことができる**でしょう。

⇩給料は高ければ高いほうがいい？

皆さんは、自分のお給料にどの程度満足していますか？

少し考えてみてください。

次に、台風で自宅も家族も仕事も失った貧しい地域で暮らす人の収入を想像してみてください。そのうえで、自分のお給料についてもう一度考えてみましょう。

参加者にとって魅力的な伝え方は？

「ボランティア」と「体験・学び」の両方をアピール →	情報量が多すぎる
「ボランティア」だけをアピール →	あまり魅力的ではない
「体験・学び」だけをアピール →	魅力的で楽しそう

給料に対する感覚が変わったのではないでしょうか？

給料は高ければ高いほど嬉しいものでしょうが、その評価は絶対的なものではありません。私たちは、**物事を絶対的に評価するのが苦手で、いつも何かを参照基準にしています**。給料であれば、「去年の給料」や「周囲にいる人たちの給料」を参照基準にして、それより高ければ望ましい、それより低ければ望ましくないと感じます。

しかし、こうした参照基準は絶対的なものではありません。

先ほどの例のように、自分たちとはまるで環境の異なる外国の人々の給料がずっと低いと聞くと、参照基準が下がります。すると、自分の給料が低いと思っていた人の不満がスッと消えることもあるのです。

⇩人の行動メカニズムと詐欺の手口

同じ状況なのに、参照基準を操作されただけで、評価が180度変わってしまうというのはいかにも理不尽な判断のように思えます。絶対的な評価ができれば、このようなことは起こらないのですが、私たちの認知的な能力では難しく、つい参照基準との比較による相対評価になってしまうのです。

売買価格の交渉で売り手が高い価格を吹っ掛けるというのを聞いたことがあるかもしれませんが、これは**参照基準に基づく相対評価を利用した戦略**です。

たとえば、売り手からすると1万円で売りたいものの、はじめから1万円という価格を提示されると誰も買わないような商品があるとします。このとき、たとえば「この商品10万円でいかがですか？」と10倍の価格を提示するようなケースがこれに該当します。

もちろん、10万円で買う人は誰もいないのですが、重要なのは、このように**高い価格を提示されたことで無意識のうちに10万円に参照基準が置かれてしまう**ことです。10万円に参照基準が置かれると、たとえば2万円だって安く感じてしまうから不思議です。

振り込め詐欺なども、最初はわざと法外な金額を要求して、そのあとに何とか払える金額を要求するという手口を使っているといわれています。人間のこうしたメカニズムを悪用しているというわけですね。

参照基準に基づく相対評価

■ 参照基準＝1万円

1万円で
どうですか?
NO!!
いらない

■ 参照基準＝10万円

10万円で
どうですか?
NO!!
いらない
じゃあ
2万円は?
10万円が2万円!
お得かも!?

⇩やる気・意欲を失わない評価のコツ

人に対する評価も同じです。

特に子育て中の親としては、ついつい自分の子どもを他の子どもと比べてしまいがちです。他の子よりも優れていればいいのですが、そうでなければ子どもに対して不満や苛立ちを感じてしまうこともあるかもしれません。しかし、子どもがもっと幼かったときと比べて成長していることを意識すると、気持ちは静まるものです。

日本の学校教育は偏差値教育とも呼ばれますが、これは集団の平均的な能力と比較して評価することを意味します。すると当然のことながら、平均以下の成績の子が半数近く出ることになります。

［ 評価の参照基準を明らかにしよう ］

参照基準	効果
集団の平均的な能力（偏差値など） →	平均以下はやる気を失う
個々の過去の能力 →	すべての人がやる気になる

「自分はダメだ」と感じた子は学ぶ意欲を失ってしまいます。

日本の学校教育しか知らないとこれを当然と思ってしまいがちですが、実際のところ、そうではありません。評価の参照基準をそれぞれの子の過去の能力に置くことで、子どもたちに劣等感を与えることなく、意欲的に学んでもらうことができます。たとえば、ソロバン、習字、スイミングスクールなどは到達度に応じてレベルアップする教育システムをとっていることが多いでしょう。この場合、子どもたちは、**過去の自分自身を参照基準**として意識するようになります。すると、上達や成長を実感しながら意欲的に学ぶよう促すことができるのです（一方、次第にレベルアップが難しくなると、意欲は下がってしまうという問題もあります）。

大人に対する評価でも同じことがいえます。

他人に対して過度の期待をもっていれば、不満や苛立ちを感じます。そうした感情は行動にも影響を与えます。不満や苛立ちが感情的な不適切行動を生じさせているのならば、他人を評価するときの参照基準を意識的に変えてみるのも効果的ではないでしょうか。

Work 7

あなたの身の回りに不満や苛立ちを感じさせる人はいますか？

その人に不満や苛立ちを感じる理由を参照基準という視点から考えてみましょう。可能ならば、意図的にその参照基準を変えてみましょう。

プレイヤーの行動の背景を知ろう 05

行動には必ずその人なりの理由がある

これまでに見てきたように、自分のことですら気づかないことが多いのですから、他人の行動についてわからないのは当たり前です。

「相手の立場になって考える」

「人の気持ちを理解する」

どれだけ大事だとわかっていても、十分にできている人は少ないのではないでしょうか。

しかし、「理解できない」「わからない」とあきらめずに、理解しようと努力することが問題の本質的な解決につながります。

「多くの人が満足している状況なのに、なぜあの人は不満そうなのか」

「多くの人が努力しているのに、なぜあの人は努力しないのか」

安易に「あの人はわがままな人」とか、「あの人は怠け者」と解釈して片づけてしまうのは簡単なことです。

しかし、本当にそうなのでしょうか？

その人が求めているもの、目に見えない欲求を理解していないだけかもしれません。給料に不満があるのか、承認欲求が満たされていないのか、新しいことに挑戦したいのか、理由は人それぞれです。

表情や態度、行動から他人の心の中を推測する姿勢も大事ですが、対話によって聞き出すことができれば、それが一番です。

私たちは、信頼していない人には本当のことを話しませんから、信頼関係をつくることから始めなければならない場合もあるでしょう。

人間の行動の研究はまだまだ発展途上です。人の行動メカニズムの解明は脳神経レベルで研究されていますが、まだまだわからないことだらけです。ここで紹介した行動メカニズムの一部も、これからの研究で覆されることがあるかもしれません。

「人間のことならわかっている」と思い上がらずに、謙虚に理解しようとする姿勢をもち続けることが重要なのです。

Part 5

ゲーム理論の応用
——一歩進んだ問題解決のために

水を一杯
くれないか
…ちょっと待ってくれよ
何なんだよ
この状況はよ…
よろり
私は自分の知ってることをいっただけ
それを選択肢と受け取って育てていったのは銀次郎くんよ

銀次郎…
「井の中の蛙」になっていないか？
Story 5
水を一杯くれないか
～～～!!

兄貴ーーッ!!?
桂馬屋
ガッ
ガッ
東京から歩いてきたァ!?
旅館 桂馬屋　長男
桂 金太郎(33)
おう 何事も経験だ
てか今までどこ行ってたんだよ!?
母ちゃんも心配して…
あら金太郎着いたのね
おう おふくろ ただいま
はあ!!?

帰ってくるの知ってたの!?「どこにいるかわからない」って…
そりゃ毎日やり取りできるところにいるわけじゃないから具体的には…
連絡とってたの!?
こんばんは〜見てみて〜!生徒さんからお酒もらっちゃった〜♪
皆で飲もうよ…
やだ!金ちゃん着いたんだ!
おかえり〜
おう香子
!!!?
…ちょっと待ってくれよ
何なんだよこの状況はよ…
よろ〜り
ぷつ
ばたん
あっ

ハッ
すごーい 随分いろんなとこ行ったのねぇ
ああ とても貴重な体験だった… 視野が広がったよ
むく
どこだよ ここ!!
おう銀次郎 目が覚めたか
覚えてないの? 〝秘密基地〟よ
昔はこうしてよく3人で遊んだわね
ああ… 懐かしいな…
しみじみしてんじゃねえよッ!!!
…ああもう どういうこと なんだよ…

…旅館を継いで10年…
思いきったことしなきゃダメだと思ったんだ
俺は親父が死んですぐ家継いだだろ
他の世界を何も知らなかったんだよ
着信
実家
知ってるのはこの町と大学の4年間だけ…最初のうちはそれでもよかった
だが行き詰まった時にボロが出るもんだ
貧すれば鈍すってやつさ
ますます過去の体験にすがって都合の悪いことは楽観視して…
気づいた時にはもうどうしていいかわからなかった
だから外の世界を見に行くことにしたんだ

俺たちはごく限られた選択肢しか知らない
だけどもっと別の選択肢が見つかれば問題は解決するかもしれない…
そのためには外の世界に目を向けなきゃいけない
他人が何をしているか？どんな選択をしているか？
俺は知る必要があると思ったんだ
……
…戻ってきて驚いたよ
随分がんばったみたいじゃないか
香子もずっと助けてくれてたんだろうが…
大変だったろう

「伝説のコンサルタント」についていくのは
え？
伝説だなんて…人を化石みたいにいわないでよ
それに「元」コンサルタントよ
知らなかったのか？
アメリカの有名コンサルティング会社で
女性として最年少MVPになったって
マスコミでも騒がれてたぞ

…！
俺　その記事
翻訳した…
そうか…
それであの時
…
見たことある
気がする…
でも「元」って…
辞めたんですか？
どうして？
勢いでね
コンサルタントの
仕事もやりがいは
あったけど
もっと直接
誰かの
役に立てる
ような仕事が
したいって
悩んでたの
そんな時
フッと
ここのことを
思い出して
予約入れようと
思ったら
金ちゃんが出た
じゃない？
懐かしくて
話し込ん
じゃって…
お互いの
悩みなんかも
打ち明けてるうちに
「力になりたい」って
思ったのよね

で思いきって会社辞めてきちゃった　引き継ぎに手間どっちゃって金ちゃんと入れ違いになっちゃったけど
そんな…世界有数の会社を辞めるなんて…　もったいない…
そんなことないわ
銀次郎くんもがんばってたし
最初はバラバラだった町の皆も今は温泉街のために協力してるじゃない
とても充実してるわ
私こそ生き方の選択肢が広がった気がするの

ゲーム理論を使って何が問題か理解できたとしても解決方法が見つからなければ意味がないわ
PROBLEM
そのためには選択肢を増やすことが有効なの
第三者の視点を取り入れたり専門家でない素人の意見が解決の糸口になることもある…
私は自分の知ってることをいっただけ
それを選択肢と受け取って育てていったのは銀次郎くんよ
…とにかくだ
俺は戻った

好きにして
いいんだ
銀次郎
おふくろを
支えるために
東京から
戻ってまで…
本当に
よくやって
くれたよ
残ってくれたら
俺は嬉しいが
無理はいわない
もう
自由だ
客商売なんて
向いてない

なのに何の事情もわからず飛ぶように帰ったのはなぜだったのか……
もちろん母親が心配だったこともあったけどそれだけじゃない
あの町に俺の居場所なんてないと思ってたからだ
旅館は兄貴が継いでるし俺は必要ないと思ってた
それまでの東京暮らしだって目標があったわけじゃない
俺は〝空き〟に飛びついただけだったんじゃないのか？
じゃよろしくお願いします！
——だけど今は違う

English & Painting
…あ もしもし? 俺です 学生デザイナーの合宿 実現できそうですよ
よかったわ! これから本格的な景観づくりをするにあたって少しでも意見が欲しいから
自分たちだけでは解決できないことでもゲーム…
ゲームの外にいる潜在的なプレイヤーを見つけて参加させることで状況が改善される場合もあるんですよね
わかってますって
これから帰ります 16時頃には着くかな

問題解決には「選択肢を増やすこと」「プレイヤーを増やすこと」の他にもう一つ方法があるわ
「眠っているアイデアを引き出すこと」よ
自分が知らないだけで組織の中には問題を解決するための情報やアイデアをもっている人がいるかもしれない
ムダだと思い込んでいるものに有益なものがあるかもしれない
けれど意見をいっても聞き入れてもらえないような組織では眠っているアイデアを引き出すことはできないの

いくらゲーム理論を学んでも一人じゃ問題は解決できないわ
ともに問題に向き合って解決してくれる仲間を見つけること
そんな仲間と協力して取り組むこと…それが大切よ
…なんて最後のはいうまでもないわね
私の話を受け入れて町の人を巻き込んで…
銀次郎くんあなたがやってきたことそのものだから

歩成町駅
おう 銀次郎
間に合ったか
送迎バス
一緒に
乗ってく
だろ
うん…
香子さんは
通訳ガイドの
当番？
桂馬屋
Keimaya
そうそう
ふふふ
すっかり板に
ついてきた
じゃない
歩成町駅
おかえりなさい
地域アドバイザー
さん！

01 戦略（選択肢）を増やす

一歩進んだ問題解決

ここまでゲーム理論を概観してきましたが、ゲーム理論の基礎的な考え方から出発して、そこから一歩踏み出すことで、一歩進んだ問題解決に活かすことができます。Ｐａｒｔ5ではその方法を解説します。

ひとつめは、「戦略（選択肢）」を増やすということです。問題に直面したとき、私たちは、与えられた状況の中のごく限られた選択肢しかないと考えがちです。

しかし、実際は、**別の有効な選択肢があるかもしれません**し、それが見つかれば、ゲームの構造は大きく変わります。すると、問題が解決される可能性が高まるでしょう。

ピッチャーとバッター、勝つのはどちらか？

戦略が増えることでゲームの構造が変わる例として、野球のピッチャーとバッターのかけひきを考えてみます。

ピッチャーには、「直球」と「カーブ」という戦略、バッターには「直球対応」と「カーブ対応」の戦略があるとしましょう。つまり、「直球」と「カーブ」どちらを投げるかをバッターが読めればバッターの勝ち、読めなければピッチャーの勝ちということになるので、ゲームの利得表は次のようになります。

このゲームにはナッシュ均衡がありません。**ピッチャーもバッターも相手の戦略がわかっていれば勝てますが、相手も負けまいと戦略を変えるのがふつう**です。このため、どちらが勝つかは、わかりません。だからこそ勝負は面白いのです。

ピッチャーとバッター、勝つのはどっち？

		ピッチャー	
		直球	カーブ
バッター	直球対応	①, −1	−1, ①
	カーブ対応	−1, ①	①, −1

⇩戦略が少ないほど不利になる

では、もしピッチャーが「直球」しか投げられなければ（「直球」という戦略しかもたなければ）、勝負はどうなるでしょうか。バッターからしてみれば、必ず「直球」がくるとわかっているので、当然、「直球対応」をするバッターの勝ちでしょう。同じように、ピッチャーが「直球」と「カーブ」の戦略をもつのに、バッターが「直球対応」しかできなければ、バッターは「カーブ」で簡単に打ち取られてしまいます。

このように、**戦略が少ない方が不利**なのです。

ピッチャーは、相手が対応できないボールを投げることができれば有利です。そのため、多くのピッチャーは、フォークボール、スライダー、スプリット、ツーシームなど様々な変化球を開発してきました。もちろん、バッターもそれに対応しなければ勝負の世界では生きていけませんから、多様な変化球に対応できるように努力しています。このように、**戦略を増やすことが当面の課題を解決できる**という事実が、野球の進歩を生んでいるのです。

⇩外部機会と給料アップのコツ!?

戦略を増やすことで状況が有利になるのは、ビジネスにおいても同様です。たとえば、企業と労働者（従業員）の関係を考えてみましょう。いわゆる労使関係です。一方が他方を搾取しているという見方をする人もいますが、お互いに関係をもつことで双方に利益があるから契約をしていると考えるのが自然な見方です。企業は労働者に働いてもらうことで収益を生むことができる一方、労働者はその一部を賃金として受け取ることで利益を得ています。つまり、企業と労働者は、労使関係から生み出される収益というパイを分け合っているのです。

ここでパイの分配を左右するのが賃金です。賃金を上げれば労働者の利益が増えて、逆に賃金を下げれば、企業の利益が増えます。

パイの分配、すなわち**賃金の決定にも戦略の数が影響**を与えます。**外部機会（アウトサイド・オプション）**と呼ばれる戦略です。たとえば、労働者がその企業で働くという戦略しかもっていなければ、企業との交渉で不利な立場になり、低い賃金での契約を余儀なくされるかもしれません。一方、労働者が他の企業で働くという外部機会をもつと状況は変わります。企業側があまりに低い賃金を提示すると、労働者に逃げられてしまうかもしれません。よって、より高い賃金を提示するようになるでしょう。外部機会の待遇が良ければ良いほど、労働者はより有利になるのです。

企業も外部機会がある方が有利です。企業にとっての外部機会は、「他の人を雇う」や「機械化をする」「アウトソースする」という選択肢です。

実際、人手不足の時には労働者は良い外部機会をもち、企業は外部機会に恵まれなくなります。ですので、賃金は上がる傾向があります。一方、逆に人手が余っているときは、企業が相対的に良い外部機会をもつので、賃金は下がる傾向があります。

ここで注意してほしいのは、**外部機会は実際に行使されなくても存在するだけで結果に影響を与える**ということです。「他の企業で働く」という外部機会は交渉に影響を与えますが、実際にそれを選ぶ必要はありません。あなたが今の会社を辞める気が全くなくても、「辞める」という選択肢を用意しておくことに意味があるのです。

むしろ、簡単に外部機会を行使し、会社を辞めることにはリスクが伴うので慎重に判断すべきでしょう。企業は、簡単に辞めてしまう人とは契約したくないものです。もちろん、労働者の側も簡単に契約を打ち切る企業とは契約したくないでしょう。

「他の会社で働くこともできるけれど、あえてこの会社で働きたい」という労働者と「他の人を雇えるけれども、あえてあなたに働いてほしい」という企業が、一定の緊張関係の中で長期的な協力関係を維持するのが理想的な労使関係なのです。

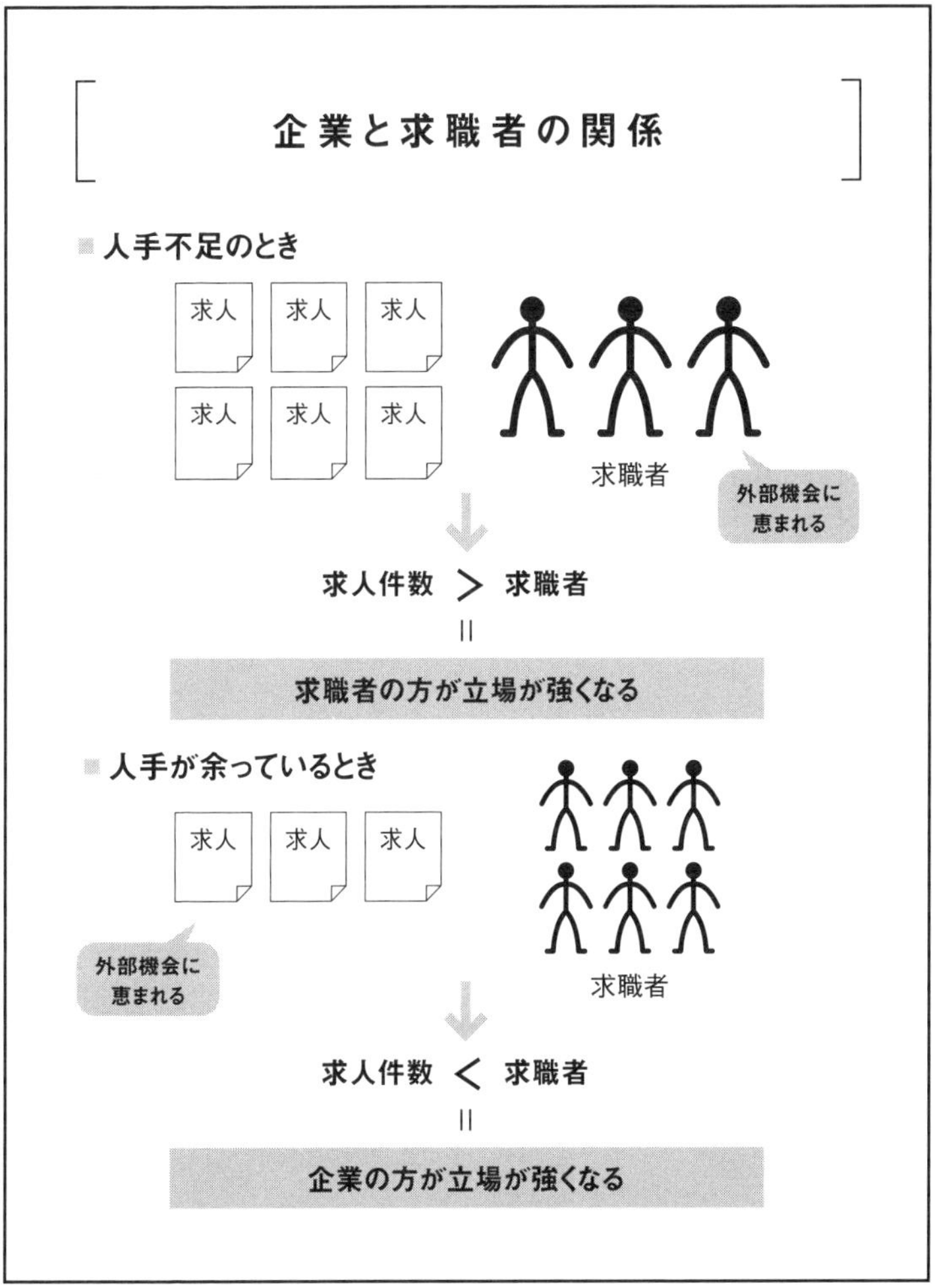
企業と求職者の関係
人手不足のとき
求人
求人
求人
求人
求人
求人
求職者
外部機会に
恵まれる
求人件数 ＞ 求職者
＝
求職者の方が立場が強くなる
人手が余っているとき
求人
求人
求人
外部機会に
恵まれる
求職者
求人件数 ＜ 求職者
＝
企業の方が立場が強くなる

⇩ビジネスは「ゼロサムゲーム」か？

「ビジネスの世界はゼロサムゲーム」という人がいます。**ゼロサムゲームとはすべてのプレイヤーの利得を足し合わせるとゼロになるゲーム**です。利得がプラスの人がいれば、必ずマイナスの人がいる。「ビジネスの世界はゼロサムゲーム」という人は、経済活動が全体としては何の利益も生み出していないと主張します。**勝つ者がいれば負ける者がいる――利得の合計が増えることはない**というのです。

利益を得る人と損をする人がいるのは事実です。しかし、ビジネスは、経済全体としては**ポジティブサム（全プレイヤーの利得の合計が増加する余地がある）のゲーム**です。高度に分業化された現代のビジネスは、自給自足の時代と比べはるかに豊かなポジティブサム構造になっているからです。

労使間の協力関係も同様でしょう。協力して価値を生み出すことで、お互いに利益を得ています。中には極端に大きな利益を手にする人もいるかもしれませんが、それは他の人たちの利益を搾取した結果というよりは、より大きな価値を生み出した結果であることが多いのです。

これは企業間においても同様でしょう。プロスポーツの世界で相手チームと協力したら「八百長」となりますが、ビジネスの世界では、ライバル企業と常に敵対する必要はありません。ライバル企業との対等合併や、新技術の共同開発も、時として状況を打開する有効な戦略となるかもしれません。

競争には企業努力を引き出す効果もありますが、行き過ぎた競争は社会全体にとってもマイナスとなることがあるのです。ゲーム全体の構造を俯瞰して、深刻なジレンマ状態に陥っていることがわかったら、お互いに利益となるような協力戦略があるかどうかを検討してみてはいかがでしょうか。

「プレイヤー」を増やす

02

⇩潜在的なプレイヤーを探せ

ある問題の解決策を考えるとき、私たちは「現状」という枠の中に思考を制限してしまいがちです。その枠を超えて、ゲームの外にいる「潜在的なプレイヤー」を巻き込むことで状況が改善されることがあります。

たとえば、保育園の待機児童の問題を考えてみましょう。保育園に預けられないという理由で働きたいのに母親が仕事を辞めてしまう、働き続けたいという理由で女性が結婚や出産をあきらめてしまう――これらは、とても深刻な社会問題です。

この問題を、「働く母親」と「行政」というプレイヤーだけで解決しようとしても、なかなかいい解決策は出てきません。この問題を解決する策として、子育てを終えた母親にゲームに加わってもらう方法が注目されています。子育ての経験があり、時間もあり、働く意欲もある女性はそれぞれの地域に一定数はいるはずです。子どもが独立し、自宅に空き部屋があるのであれば、自宅で待機児童を預かることもできるでしょう。もちろん、トラブルが起きたときの責任の所在など、解決しなければならない課題はありますが、Ｗｉｎ－Ｗｉｎの関係性をつくり出せる可能性もあるでしょう。

Ｐａｒｔ４の物語にあるように、外国語での観光ガイドが不足しているとき、外国語を学ぶ学生を巻き込むのも同じように優れたアイデアです。

新しいプレイヤーを巻き込むことで問題が解決されるこれらの事例は、コーディネーション・ゲームとして理解することができます。

現状は、お互いに関係性をもたない状態で足並みが揃っています。この状態は、安定したナッシュ均衡です。一方だけが関係

Win-Winの関係をつくり出す

子育て経験、時間があり、働く意欲をもつ女性（B）

子育て中の女性（A）	Aの子育てを助ける	助けない
Bに助けを求める	②，②（ナッシュ均衡）	0，1
自力で子育て	1，0	①，①（ナッシュ均衡）

より良い戦略（①，① → ②，②）

性をもとうとしても協力関係は成立しないので現状の方がマシですが、両者が足並みを揃えて関係性をもつことで、お互いの状態が改善されます。この状態もナッシュ均衡ですが、**Ｗｉｎ－Ｗｉｎの関係性になっていれば、このように足並みを揃えて関係性をもつことで多くの人の利得は改善されます。**まさに、コーディネーション・ゲームの構造になっているのです。

いわれてみればコーディネーション・ゲームなのですが、私たちは自分たちの置かれた状態がコーディネーション・ゲームになっていることにさえ気づきません。

この人たちと協力し合えば、お互いに利益になるＷｉｎ－Ｗｉｎの関係性をもつことができる――私たちが気づいていないだけで、そういうパートナーは実はたくさんいるのではないでしょうか。

あなたの悩みを解決してくれる人、あなたが欲しいものをもっている人、あなたが処分に困っているものを必要としている人、あなたの力を必要としている人など。ゲームの外の世界にも目を向けて、新たなパートナーを見つけてみてはいかがでしょうか。

アイデアの見つけ方 03

世界を広げる

「戦略を増やす」「プレイヤーを増やす」といっても、「具体的にどうすればいいの？」と思うかもしれませんね。確かに、問題解決の具体的な方法を見つけるのは簡単ではありません。知識や経験を頼りに自分の頭でよく考える――それも大事なことですが、他の人のアイデアを参考にするのも賢明な方法です。

銀次郎の兄の金太郎は見聞を広めようと世界を旅しましたが、そういう試みも有効です。海外に行くと、私たちにとって当たり前のことが海外ではそうでないことに気づかされます。**私たちの均衡が唯一の均衡ではなく、他にも均衡があることを知り、そこではじめてコーディネーション・ゲームの構造に気がつく**という経験は、ゲーム理論の研究者である私自身にも、しばしば起こることです。

日本国内で起こる様々な問題に対して、海外ではどのように対処しているのか。ビジネスであれば、自社で起こる問題に対して、他社、しかも同じ業界内のライバルではなく、まったく別の業界の企業や団体、組織ではどういう対処をしているのか。解決策をそのまま自分たちの問題に適用できないとしても、何らかのヒントを与えてくれるかもしれません。

⇩眠っているアイデアを引き出す

アイデアのヒントが転がっている場所は、組織の外だけではありません。組織の中にも、問題解決のヒントとなる情報、アイデアをもった人がいるかもしれません。

課題を共有し、解決方法について意見交換をする中でアイデアを引き出せるのが理想です。本来、会議にはそのような目的があるのですが、なかなか意見が出てこないケースも多いようです。意見を聞き入れてもらえないような組織では、眠っているアイデアを引き出すのは難しいものです。他者の意見を聞く姿勢もアイデアを見つけるためには欠かせないものですね。

04 アイデアを実現するには

⇩解決法が「わかる」と「できる」は大違い

問題の構造がわかれば、解決法を見つけるのはそれほど大変ではないかもしれません。同じような課題を克服した組織や社会でうまくいった解決法を自分たちもやってみようと誰しも思うでしょう。しかし、「ルールを変える」「みんなで一斉に行動を変える」「新しいＷｉｎ－Ｗｉｎの関係性をつくる」などの解決法は、ひとりでは実現できません。組織内のメンバーの合意や協力が必要です。

「他で成功しているのだから、自分たちにもできるはず」と取り組んでみても、思うようにいかないことはしばしばあります。「もっとこうしたほうがいいのに、協力してくれない」——そんな悩みを抱える人もいるかもしれません。

⇩ポイントは「信頼関係」「ソーシャルキャピタル」

同じような組織の同じような問題でも、解決できるケースとそうでないケースがあるのはなぜでしょうか。もう少し具体的にいうと、組織内のメンバーの合意と協力を得るには、どうすればいいのでしょうか。

その**鍵を握るのは「信頼関係」**です。

近年、経済学や社会学の分野では、**ソーシャルキャピタル（社会関係資本）**という新しい資本の役割に注目が集まっています。ソーシャルキャピタルとは、人の集まりの中にある信頼関係のことです。信頼関係は目には見えません。しかし、信頼関係を築くには、様々な努力という投資が必要です。そして、信頼関係があることで、合意や協力が得られ、それが組織内の活発で健全な活動に貢献することがわかってきました。

どんなに良い解決法も、提案者を信頼できなければ「何か裏があるに違いない」と警戒されたり、「あいつのことは気に入らないから協力しない」と反対されてしまうでしょう。信頼を得られないまま、強引に進めようとしてもうまくいかないのです。

ですので、何か始めるときは、まずは信頼関係をつくるところから始めましょう。信頼関係をつくるには、それなりの投資（努力と時間）が必要です。まずは、ともに問題解決に取り組んでくれる信頼できる仲間を見つけることから始めるのが良いでしょう。そして、少しずつ理解者を増やし、協力者のネットワークをつくることが重要です。

仲間や理解者を増やすために有効なのが「対話」です。あるひとつの課題について、多くの人と意見交換をすることは、解決のアイデアを得るだけでなく、協力者を見つけるうえでも効果的です。

対話を通して多様な意見に耳を傾け、納得する合意を形成できれば、大きく前進するでしょう。

05 応用編：激しい競争を抜け出すには

みんな同じでは困ることもある

最後にこれまでのまとめとして、ビジネスにおいてよくある事例をゲーム理論の視点から考えていきます。

Ｐａｒｔ2のコーディネーション・ゲームでは多くの人が同じ選択をすることにメリットがある状況を多く紹介しましたが、世の中それとは逆のケースが少なくありません。実際、**同じことをする人が増えるとかえって困ったことになる場合が多い**ようです。

たとえば、給料が高いからという理由で医者や弁護士、アイドルになりたい人はたくさんいるかもしれません。しかし、世の中が医者や弁護士、アイドルばかりになっては困ります。増えすぎれば、限られた仕事を奪い合うことになります。

これは、企業間競争にもいえることです。

どんなにすばらしい製品でも複数の企業が競って販売をしようとすれば、顧客を奪い合うことになり、利益が少なくなってしまいます。

⇩小さく見ればゼロサムゲーム、大きく見ればポジティブサム

このような競争の世界にいると世の中はゼロサムゲームのように思えてしまうかもしれません。

勝つ者がいれば、負ける者がいる。全員がいい思いをするなんてありえない――そんな気がしてしまうのもわかります。

しかし、もう少し視野を広げて考えると、見方が変わってきます。

時間的な視野を広げると、私たち日本人は人類の長い歴史の中でも（少なくとも物質的には）最も豊かで恵まれた生活をしていることがわかります。この豊かな生活を支えているのは**「社会的分業の利益」**です。

私たち日本人は、実に多様なモノやサービスを消費していますが、その多くは他人がつくったものです。私たちは、他人のためのモノやサービスの生産に関わり、そうして得たお金で必要なものを他人から買っています。自給自足は効率が悪く、特定のモノやサービスの生産に特化する、さらに生産工程も細分化・分業化することで飛躍的に生産性が高まるからです。

職業・職務を分割して役割分担をすることで生産性が高まり、結果として自給自足で得られるよりも、はるかに多くの良質なモノやサービスを手に入れることができる——**経済全体を俯瞰すれば、ポジティブサムの構造がある**ことがわかるでしょう。

⇩ポジティブサム構造が機能するために必要なこと

ポジティブサム構造が機能するためには、役割分担が重要です。

つまり、**みんなが同じことをやっては意味がない**のです。医者になる人も弁護士もアイドルもいた方がいいでしょうが、そればかりでは社会的分業が機能しません。**人々のニーズに従って社会的な役割分担が進み、多種多様なモノやサービスが生み出されることで、私たちは豊かな生活を手に入れることができる**のです。

そうはいっても、世の中にたくさんのモノやサービスがあり、それらを生み出す多種多様な職業と職種があります。そんな中、必要なものをちょうど必要なだけつくるように役割分担をするのはとても難しいことのように思えますよね。

あるモノが足りないとか、多すぎるということが起こってしまいそうです。

⇩「椅子の足りない椅子取りゲーム」から抜け出そう

社会には、こうしたアンバランスを調整するしくみが備わっています。それが、経済学でよく目にする**「需要」と「供給」というふたつの視点**です。

たとえばラーメン好きの多い街に一軒のラーメン店しかなかったら（ラーメン店の供給不足状態）、このラーメン店は大繁盛で大きな利益を手にするでしょう。この利益こそが新しいラーメン店の参入を促し、供給不足を解消する力となります。儲かるラーメン店を目指し、新しいお店がどんどんオープンするようになるでしょう。

しかし、新規参入でラーメン店が増えすぎてしまうと（需要が増えすぎると）、限られたお客を奪い合うことになり、利益は減ってしまいます。

この厳しい競争の渦中にいるとゼロサムゲームのように見えます。しかし、もう少し大きな視点をもち、俯瞰して考えると、**競争で利益があがらないのは「ゼロサムゲームだから」ではなく、「需要に対して供給が過剰だから」**です。ラーメン店以外の飲食店や街に足りない商売（供給が足りていないもの）に転向することで、自店も利益が出るし、競合していたラーメン店の利益も増えて、さらに街の人々までハッピーになる可能性もあるのです。

銀次郎の温泉街は、外国人観光客をターゲットにした観光温泉街へと舵を切りましたが、そのような戦略が常にうまくいくわけではありません。外国人観光客に対して、すでにそのようなサービスが提供されていて、もはや利益が得られない状況になっていたら、大きな方向転換を考えなければいけません。

また、物語の中で、銀次郎は金太郎とともに旅館の経営を続けるのではなく、あえて地域アドバイザーとして歩成町と外部をつなぐ仕事をする道を選びました。もちろん、旅館の経営に人手が足りないのであれば、兄の金太郎とともに旅館を経営する道を選ぶことも悪くないでしょう。

しかし、銀次郎は旅館の経営は兄の金太郎に任せられると考え、歩成町と都会をつなぐ地域アドバイザーになることにしたのです。

経済の変化が激しくなった現代社会では、この仕事なら絶対安泰という職業は少なくなっているのではないでしょうか。

そんな世の中を賢く生き抜くには、**経済全体を俯瞰し、人々が求めているものは何か、足りないものは何かを考え行動する力**が必要でしょう。また、**今、渦中にある競争が「椅子の足りない椅子取りゲーム」ならば、潔く身を引いて、椅子が余っているビジネスへと方向転換する柔軟性**も求められるのではないでしょうか。

——というわけで他地域との勉強会を設定してきましたんで…って 聞いてますかね？
歩成町、実りの秋
Epilogue
炭鉱町をイメージした石炭風の石けんやバスボム…
バスボムって何だ？
そら風呂《バス》で爆発するのは屁だろう
そんなの土産物にならんだろう
…違います入浴剤のことです！
オオーさすが地域ナントカ！
よう知っとるわ
なるほどな！うちの温泉成分を入れられれば完璧だ
意見箱もなかなか勉強になるな！
食事も黒づくしってできるかな？
ああいいかもしれんな！
……

だんだん俺の存在感が薄れてきている…
ここまで引っ張ってきたのは誰なんだッ
いいじゃない 皆 自主的になってきた証拠よ
おう 銀次郎 このあいだ取材された記事がアップされてるぞ
編集部ケンジのイチオシ！
生まれ変わった炭鉱町・歩成温泉の魅力
「苦難の連続でしたが、挑戦を続けたからこそ今がある」
なんで兄貴が全部やったようになってんですかね
だって俺の方が男前だし
俺も貢献したからな
完全に運だが写真でのプロモーションに成功した
…あれ？

この写真…最初にネットで話題になった…
そう俺の写真
は!?
写真共有サイトで話題になった
旅館が暇だった頃に撮りためてたのを旅行中にアップしまくってたのよ
なんでそんな…!
…一人旅が寂しくて…
帰りたくて…
故郷はどんなところなんだ?
旅行の兄ちゃん
詳しくはWebで…
なんだこいつ
ああ!そうだったんだ!!
帰ってこいよ!!だったらよ!!!

あ～～ッ
もうダメだ!!
俺の人生は
兄貴に
壊されたんだ!!
だいたい
おまえも
捜索願が
出されてない
時点で
気づけよ
そうよねぇ
うっかりし過ぎ
じゃない?

うるせえッ!!!
あははは

おわりに

人は明確な目標があると大きな力を発揮できる不思議な生き物です。本書で学んだことを活かすためにも、ぜひとも明確な目標をもってゲーム理論を使ってください。

中には相手を打ち負かすためのツールとしてゲーム理論を紹介する本もあります。誰かを打ち負かすことが本当の目的であれば、それを目指すのもいいでしょう。しかし、誰かを打ち負かしても一時的な満足しか得られず、長期的には残念な結果を招いてしまうこともあります。既に学んだように、短期的な視野で考えるのと長期的な視野で考えるのでは目標も変わります（時間不整合性）。

また、私たちは多様な欲求に照らして総合的に望ましさを判断することが苦手（マズローの5つの欲求）です。富と名声を手に入れようと仕事一筋で働き続けたのに、気づいたら家族は自分の元を去り、無理がたたって体を壊し、手に入れた資産も治療のために全て失ってしまった……なんてことになったら悲しいですよね。

幸いにも私たちは、物質的にはとても豊かな生活を営めるようになりました。マズローの欲求段階でいえば、低次の欲求だけでなく承認欲求や自己実現というより高次の欲求をも考える余裕がある人が少なくないはずです。しかし、余裕はあっても、低次の欲求を追求する習慣から抜け出すのは難しいのかもしれません。実際、必要のない物が多すぎて家が片付かないという人はとても多いようです。

サン＝テグジュペリの小説『星の王子様』に「本当に大切なものは目に見えない」という有名な言葉があります。

物質的に豊かになった世の中に暮らすにもかかわらず、多くの課題を抱え、なかなか閉塞感から抜け出せない理由のひとつは、私たち自身が自分にとって大切なものを見失っているからなのかもしれません。

あなたにとっての本当のゴールは何なのか――周囲の声や目先の利益、一時の感情に流されずに、本当のゴール、本当の目標を見つけましょう。

後悔することのないような目標を見つけることができたら、その目標を達成するために、ぜひ本書で学んだゲーム理論の知識を使ってください。

どんな優れた道具でも使わなければ役に立ちません。ゲーム理論が皆さんの問題解決の役に立つツールになることを願っています。

最後に、本書は日本能率協会マネジメントセンターの柏原里美さん、漫画家の円茂竹縄さん、トレンド・プロの福田静香さんとの協働によって生まれました。とても素敵な本に仕上げてくださった皆さんに心より感謝申し上げます。

ありがとうございました。

川西　諭

2015年4月

【著者プロフィール】
川西 諭（かわにし さとし）
上智大学経済学部 教授
東京大学大学院経済学研究科を経て、1998年より上智大学経済学部で教鞭をとる。経済学博士。主な研究分野は、ゲーム理論と行動経済学を応用した経済社会分析。経済変動や金融危機、環境問題、少子高齢化や地域の活性化など様々な問題に取り組んでいる。現在はコミュニティ・キャピタル研究会のメンバーの一員として、地域や企業内における人間関係が経済社会活動に与える影響を多面的に分析し、理想的な人間関係を実現するための介入方法について研究している。著書に『ゲーム理論の思考法』（KADOKAWA / 中経出版）、『経済学で使う微分入門』（新世社）、『図解よくわかる行動経済学』（秀和システム）、『金融のエッセンス』（有斐閣、共著）などがある。

編集協力／トレンド・プロ
カバーイラスト・作画／円茂竹縄

マンガでやさしくわかるゲーム理論

2015年4月20日　初版第1刷発行
2016年4月30日　第3刷発行

著　者 —— 川西 諭

発行者 —— 長谷川 隆
発行所 —— 日本能率協会マネジメントセンター
〒103-6009 東京都中央区日本橋2-7-1 東京日本橋タワー
TEL 03(6362)4339(編集)／03(6362)4558(販売)
FAX 03(3272)8128(編集)／03(3272)8127(販売)
http://www.jmam.co.jp/

装丁／本文デザイン―ホリウチミホ（ニクスインク）
印刷所――――シナノ書籍印刷株式会社
製本所――――株式会社宮本製本所

ISBN 978-4-8207-1922-9 C2034
落丁・乱丁はおとりかえします。
PRINTED IN JAPAN